上海市普教系统
名校长名师培养工程

学物理教学中的
判性思维培育

关 伟 丁丽娟 主编

上海教育出版社
SHANGHAI EDUCATIONAL
PUBLISHING HOUSE

图书在版编目（CIP）数据

中学物理教学中的批判性思维培育 / 关伟，丁丽娟
主编. — 上海：上海教育出版社，2022.10
ISBN 978-7-5720-1696-7

Ⅰ.①中… Ⅱ.①关… ②丁… Ⅲ.①中学物理课 –
教学研究 Ⅳ.①G633.72

中国版本图书馆CIP数据核字(2022)第181426号

总 策 划　刘　芳　公雯雯
责任编辑　汪海清
封面设计　陈　芸

中学物理教学中的批判性思维培育
关　伟　丁丽娟　主编

————————————————————

出版发行　上海教育出版社有限公司
官　　网　www.seph.com.cn
地　　址　上海市闵行区号景路159弄C座
邮　　编　201101
印　　刷　昆山市亭林印刷有限责任公司
开　　本　700×1000　1/16　印张15
字　　数　230千字
版　　次　2024年3月第1版
印　　次　2024年3月第1次印刷
书　　号　ISBN 978-7-5720-1696-7/G·1560
定　　价　58.00 元

————————————————————

如发现质量问题，读者可向本社调换　　电话：021-64373213

前　　言

批判性思维是一种高阶思维能力，是核心素养的重要内容，是推动未来社会前进的主要动力，是各国和各种国际教育组织关注的人才培养的焦点之一。其在国际教育界被认为是和阅读、写作同等重要的基本的学习和学术技能，是创造知识和合理决策所必需的能力。如于漪老师所说，当前教育亟须转变思维模式，批判性思维是最高级、最核心的思维能力。

关于批判性思维的研究，当前主要倾向于在具体的学科教学中培养学生的批判性思维，而不是开设单独的批判性思维训练课程。智慧要靠智慧来培养，教师是课堂学习的组织者和引领者，要培养学生的批判性思维首先需要教师了解批判性思维理论，熟悉并掌握批判性思维教学的策略和方法。

本书旨在为中学物理教师提供批判性思维的理论概要和培育的实践路径，为在课堂教学中提高学生批判性思维能力提供可操作的系统化方法和策略，帮助教师提升自己的批判性思维能力，逐渐形成批判性思维的意识、习性，并将批判性思维培育落实到课堂教学中。

本书以"德尔菲"批判性思维的模型为理论依据，结合中学物理教师与学生的批判性思维倾向的现状，厘清批判性思维六种核心技能（阐释、分析、推理、评估、解释和自我调整）与物理学科的关系，从情感、态度的角度分析批判性思维倾向中寻求真理、心智开放、心智成熟、分析性、系统性、自信和好奇七项要素与物理学科的关系，确定了培养学生批判性思维的课堂教学行为、教学策略、教学方式，以及以"知、情、意、行"这一路径培育学生的批判性思维倾向。

附录一和附录二紧扣课程标准,结合中学物理学习中的概念、规律、方法、模型以及实验等内容,根据批判性思维的理论进行重新审视、挖掘、整理和阐述,将物理学习中的批判性思维内容的表述由隐性转为显性,使其更加系统化,使得教师明晰中学物理学习内容中所蕴含的批判性思维技能或倾向,为教师在课堂教学中培育学生批判性思维提供有力的抓手。

目　　录

第一章　批判性思维的相关理解

想要了解批判性思维的相关理论,先来看一看思维是否能够被显性化,人们对批判性思维存在哪些误解。

第一节　思维能否被显性化

一、思维的概念

通常情况下,大多数人对自己思维内在的结构和过程是一无所知的,人们在做出各种概括、推理、判断的过程中,都意识不到自己是怎样思考的,因此对于思维过程中出现的错误也就一无所知了。因此很多人认为思维是不能够被显性化的,但实际上不是这样的,我们从两个角度阐释一下思维这个概念。

从心理学的角度,思维是人脑对客观事物概括的、间接的反映。它是以感觉、知觉和表象为基础的一种高级的认识过程。

表 1－1　"力"的概念的思维活动

1	脚	踢	足球
2	马	拉	车
3	手	推	桌子
……	……	……	……
抽象、概括	物体	作用	物体

人在观察、感悟脚踢球、马拉车、手推桌子等物理现象之后,把脚、马、手等抽

象概括为"物体",将踢、拉、推等行为抽象概括为"作用",将足球、车、桌子等抽象概括为"物体",最后将"力"的概念归纳为"物体对物体的作用"。这就是"力"的概念在人脑中形成的思维过程。

从亚里士多德的"逻辑学"的角度来说,思维是运用概念进行判断推理的过程。

比如人们根据能量守恒定律,推理出"不应当出现能源危机"的结论。在学生的头脑里,所有的物理过程都应该遵循能量的转化和守恒定律,就不应该出现能源危机的论断。这就是运用概念进行判断推理的思维活动过程。

二、思维的结构

按照理查德·保罗等人的观点,思维是有一定的结构的,要让无意识思维过程变成显性的、有意识的,并能够进行监控、改进和修改,就要明确思维的结构。理查德·保罗等人认为:思维由八个元素构成(见表1-2),分别是目的、问题、信息、概念、假设、推理、结论以及观点。[①]

表1-2　思维的结构

序号	要素	含义
1	目的	人的思考要有一定的目的
2	问题	要达到目的需要解决的问题
3	信息	要解决问题需要使用一些事实、数据或经验等
4	概念	在解决问题的过程中,所使用的一些概念
5	假设	通常指我们先前学习过的并不会质疑的知识
6	推理	根据一些正确或看似正确的理论,得出结论的过程
7	结论	归纳推理得出有意义的结果
8	观点	形成对某些问题的认识

---

① 理查德·保罗,琳达·埃尔德.批判性思维工具[M].侯玉波,姜佟琳,等译.北京:机械工业出版社,2013:50.

也就是说,当我们思考的时候,一定要基于某种目的,在达到某种目的的过程中,就需要解决一些问题,而在解决问题的过程中,要基于某种假设,运用一些信息,使用一些概念,经过一定推理,得出结论,从而形成对某一个问题的认识。

我们以伽利略研究自由落体运动为例,看看思维活动中的这几个要素是如何体现的。

目的:研究自由落体运动。

问题:自由落体运动是什么性质的运动?

信息:用脉搏测量小球从斜面顶端沿斜面运动的过程中,运动的距离和所花费的时间。伽利略手稿中提供的实验数据见表1-3。

概念:使用了加速度、直线运动等概念。

假设:把一个速度随时间均匀变化的直线运动定义为匀变速直线运动。

表1-3　手稿中的实验数据

时间	1	2	3	4	5	6	7	8
距离	32	130	298	526	824	1 192	1 600	2 104

推理:(1)当物体做初速度为零的匀变速直线运动时,物体运动的位移与时间的平方成正比,如果上述数据满足这个条件,小球在斜面上的运动就是匀加速直线运动。(2)斜面倾角取不同角度时,如果小球的运动是匀加速直线运动,那么斜面的倾角为90°时,对应的自由落体运动也一定是匀加速直线运动。

结论:斜面倾角取不同角度时,小球做匀加速直线运动。

观点:自由落体运动是匀加速直线运动。

根据保罗对思维结构的研究成果,将构成思维的各个要素显示出来的过程,就是思维活动的显性化。

三、思维品质

将思维显性化的目的是判断这个思维质量的好坏。什么是好的思维?在物理学中,一个好的思维一般要具备严密性、广阔性、深刻性、批判性、灵活性等特点。我们面对具有这种思维特点的人,就说他的思维品质好。[①]

第一,好的思维具有严密性的特点。严密性是指分析物理问题时,每一个环节都是有理有据、合乎逻辑的,而不是凭借直觉、想象来进行分析。

比如用能量守恒定律来推导闭合电路欧姆定律时,首先要知道运用能量守恒定律分析物理问题的基本思路是:先分析哪些能量增加、哪些能量减少,如果不清楚能量的变化,可以先分析哪些力做正功、哪些力做负功。由此可知,电路中的能量转换关系是:电池通过非静电力做功把化学能转化为电能;电流通过用电器时,消耗电能,即通过电场力做功把电能转化为其他形式的能;同时,电源内阻也消耗一部分电能,将其转化为内能。

若流过用电器元件的电流为 I,电源的端电压为 U,电源的电动势为 E,电源的内阻为 r(见图 1-1),则:

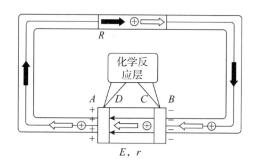

图 1-1

根据功的表达式和电流的定义:非静电力做功 $W_{非}=Eq=EIt$,用电器消耗的电能 $W_{外}=Uq=UIt$,根据焦耳热的表达式,电源内阻消耗的电能 $Q_{内}=I^2rt$。

根据能量守恒定律有:$W_{非}=W_{外}+Q_{内}$;

$EIt=UIt+I^2rt$,即 $E=U+Ir$。

如果用电器的电阻 R 是纯电阻,根据欧姆定律有:$U=IR$。

可以得出闭合电路的欧姆定律表达式:$I=\dfrac{E}{R+r}$。

上述推导过程中,每一步的结论都有背后的理论支撑,并且是符合逻辑的,这样的思维就是严密的。

第二,好的思维具有广阔性的特点。广阔性是指在分析物理问题时,能够从影响事物的多种因素、事物之间的多种联系、事物变化的多种可能以及解决问题的多种途径来思考。

比如在学习闭合电路欧姆定律之后,让学生运用此规律设计测量干电池的电动势和内电阻的实验方案。思维具有广阔性的人,就可以提出用电流表、电压表、电阻箱和滑动变阻器等器材组成的三种电路的连接方式(见图 1-2)进行测量。

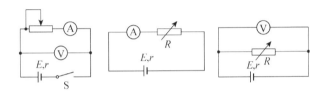

图 1-2

第三,好的思维具有深刻性的特点。深刻性是指在分析物理问题时,不受事物表象的迷惑和干扰,善于运用概念、规律等物理学的知识,透过纷繁复杂的现象,把握事物的本质,也可以预见事物的发展变化。

比如思维具有一定深刻性的学生在认识电路时,就能够建立起如图 1-2 所示的物理模型,排除电源、导线、用电器等元件体积、大小、形状等因素的干扰,通过电场线形象地在电路中建立起电场。如果以正电荷的运动为例,外电路中电场力对正电荷施加力的作用,使正电荷从电源正极运动到电源负极,在内电路中非静电力使正电荷从电源的负极运动到正极。

第四,好的思维具有批判性的特点。批判性是指在判断某些观点的时候,能够及时反思形成观点的过程,并质疑思考的过程,但是质疑是要有证据的、符合逻辑的。

比如在评价亚里士多德的"物体的运动需要力来维持"这个观点时,有的学生常常列举抛出去的物体在离开手后会继续运动的例子,以此来反证亚里士多德的观点是错误的。学生往往会产生疑惑:既然亚里士多德的研究方法是观察法,那么如此明显的现象怎么会被忽略掉呢? 学生在收集资料时发现,对于被抛出去的物体出手后依然会继续运动的现象,亚里士多德并不是没有注意到,他有自己的解释。他认为抛体运动后在后方留下了虚空的区域(见图 1-3),而自然界害怕虚空,于是就会有空气来填补,产生了气流,气流推动了抛体的继续运动。

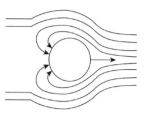

图 1-3

第五,好的思维具有灵活性的特点。灵活性是指思维活动的速度和迅速程度,它来自上述品质的表象。也就是说思维具有灵活性的人能够快速地质疑,快速地多角度、多方向地考察问题,快速地改变自己的思路,善于转化,快速地将繁难、陌生的问题转化为简单、熟悉的问题。

第二节　批判就是否定吗

一、对于"批判"的理解

很多人认为"批判"就是否定别人的观点,其实不是这样的。"批判性的"的英文表述为"critical",学者们认为 critical 源自希腊语的两个词:"kritios"(辨别、判断)和"kriterion"(标准)。从词源上看,它要求明辨信息、判断观点以及基于标准。因此,批判不是单纯的否定,强调的是对观点的判断。既然是判断,就要基于一定的标准进行,有合理与不合理之分。如果判断是合理的,就肯定;如果判断是不合理的,自然要否定它。这一过程就是批判性思考的过程。

二、批判性思维的含义

批判性思维有很多定义,有些理解起来比较抽象。结合物理学科的特点,我们觉得有以下几种说法便于我们接受。

第一种说法是美国著名的批判性思维理论家罗伯特·恩尼斯的表述:批判性思维是合理的、反思性的思维,其目的在于决定我们的信念和行动。也就是说在我们接受一个观点或做出一个决策之前,要进行合理的、反思性的思考,然后再决定我们相信什么或者做什么。①

　　第二种说法是由美国的心理学教授彼得·范西昂领导的团队利用"德尔菲法",历时三年,经过六轮磋商,最终达成的共识:批判性思维是有目的的、自我调整的判断,这种判断导致解释、分析、评估、推理以及对判断赖以存在的证据、概念、方法、标准或语境的说明。

　　仔细分析上述两种观点,董毓教授认为这两个观点是很相似的。恩尼斯的观点强调了对对象的考察——对证据、背景、方法、标准以及概念的合理考察,而第二种观点是对恩尼斯定义的细化。

　　第三种说法是美国"卓越批判性思维国家委员会"理查德·保罗等人在《批判性思维工具》一书中认为的:大部分人在思考问题的时候充满了瑕疵,如偏见、错误、傲慢、自欺和荒诞,因此要改善自己的思维,就要对构成思维的各个要素根据标准进行自我分析、自我评价和自我纠正,从而使思维的质量不断得以提升。

　　综上所述,批判性思维就是在否定或接受一个观点之前,对形成这个观点的思维过程中的各个要素进行反思,对构成思维要素的概念、推理、假设、信息、结论等要素进行评估,评估其合理性,从而决定是否接受这个观点。

三、批判性思维的技能与倾向

　　要培育学生的批判性思维,教师要具有批判性思维的倾向,还要掌握批判性思维的相关技能。只有批判性思维的倾向,不掌握批判性思维的技能,也不能很好地对你所接受的观点进行仔细的探究和求证;但是,如果只掌握批判性思维的技能,不具有批判性思维的倾向,也不会有意识地运用这种技能来进行合理的判断。批判性思维倾向的培养一定是在运用批判性思维技能的过程中得以实现的。

　　什么是批判性思维的倾向?

　　对于批判性思维的倾向,范西昂团队认为:理想的批判性思维者喜欢探索,

---

①　董毓.批判性思维原理和方法［M］.北京:高等教育出版社,2017:6.

了解全面,信任理性,思想开放,立场灵活,评价公正,诚实地面对个人偏见,判断谨慎,愿意重新思考,理解论题清晰,对复杂问题思考有条理,不倦地搜寻有关信息,选择标准合理,考察专注,并且不懈地追求题材和条件的最精确的结果。批判性思维倾向可分为七个方向,见表1-4。

表1-4 批判性思维的倾向及含义

序号	倾向	含义
1	寻求真理	实事求是,找出的观点与个人的观点不符,甚至与个人的信念背离或影响自身的利益,也在所不惜
2	心智开放	对不同的意见采取宽容的态度,接受不同人的观点,避免个人的偏见
3	心智成熟	面对决策与问题解决时,不带入个人情感和偏见,谨慎地做出和更改判断
4	分析性	对复杂问题的思考有条理,对潜在的有问题的情境保持警觉
5	系统性	能够全面地、从正反两个方面或多角度来看问题
6	自信	对自己的推理、思考有把握
7	好奇	乐于对事物进行探索

具有批判性思维倾向的人,要学会用思维的工具对自己或他人的思维进行分析。这里的思维工具就是指批判性思维的技能。

什么是批判性思维的技能?

范西昂团队的专家们达成共识:批判性思维的技能可由阐释、分析、推理、评估、解释和自我调整六个技能构成。

表1-5 批判性思维的技能及子技能[①]

序号	认知技能	子技能
1	阐释	分类;破解意涵;澄清意义
2	分析	检验观点;识别论证;分析论点和论据

---

① 彼得·范西昂,都建颖,李琼.批判性思维:它是什么,为何重要[J].工业和信息化教育,2015(7):10-27.

（续表）

序号	认知技能	子技能
3	推理	寻求证据；考虑多种可能性；得出结论
4	评估	论断的可信度；论证的逻辑和进度；推理的质量
5	解释	陈述结果；辩护程序；陈述论证
6	自我调整	自我监控；自我修正

也就是说，在判断一个观点或者推理某一个结论的过程中，我们可以运用这些工具对观点或结论的真伪进行分析。

"阐释"的核心含义是要理解所要研究的问题，有时也可以理解为"是什么"。

"分析"就是明确形成观点或结论的过程中各个思维要素，比如证据、概念、信息、推理等，有时也可以理解为"为什么"。

"推理"的核心含义是指从"有"推出"无"的过程，或者质疑以前的结论，运用证据给出自己的结论，有时可以理解为"将要怎么样或者不这样会怎么样"。

"评估"的核心含义是对上述"分析""推理"过程中的各个要素进行理性的评价。评价无褒贬，只要给出充足的、可靠的、符合逻辑的证据并加以解释即可，有时可理解为"觉得怎么样"。

"解释"的核心含义是用令人信服的方式展示分析、推理的过程和结果。

"自我调整"的核心含义是强调"主体性"，解释、反思、修正自己整个的思考、论证的过程和论证结果，也就是将批判性思维用于自身思维，体现了批判性思维概念的核心——"具有目的性的和反思性的判断"。

综上所述，我们初步了解了一个具有批判性思维的人应当具有的倾向和技能。那么，一个具有批判性思维的人是如何思考问题的呢？

有人提出某一个观点：静止在桌面上的一杯水，没有机械能。当学生听到这个观点之后，可能有两种选择：

（1）不关心他的观点，不评价，或者附和一句"可能吧""真的吗"，然后，做别的事情去了。

（2）很在意观点是否正确，要有目的地判断、辨别他的观点是否正确，以提升自己的学识。

做出选择(1)的行为,说明内心好奇心、求知欲不足;做出选择(2)的行为,说明仍保有追求真理的好奇心,具备有目的地判断、辨别对方观点正确与否的动机。

在做出第二种行为之后,开始思考对方的观点是什么,进行阐释。在阐释的基础上,分析对方这个观点对应的证据、前提或者推理。对证据和原有的推理过程的合理性做出分析、评价,得出结论;质疑不合理之处(有证据的质疑可以是指出对方证据、推理环节的漏洞,也可以是以对方证据不充分而提供新的证据来推翻对方观点)。

然后对整个分析推理的过程进行纵观全局的合理性辩护(也就是解释),之后对自己的批判性思维的过程再次进行反思、调整,进行新一轮的批判性思维活动。

四、批判性思维的特征

根据上述研究成果,我们总结出批判性思维的本质特征:它是一种理性思维,就是凡事要讲证据;它是一种反思性思维,常常要回看、分析前一种思维,让前述的思考接受理性的评估,以便做出新的判断;它又是一个自我调整之后才做出判断的思维,其目的在于优化思维,改进信念,提高行动效率。因此董毓教授认为,批判性思维应当是一个"理性的探究和实证的过程"。

关于批判性思维的特征也有很多描述,谷振诣教授认为批判性思维最显著的特征是反思、质疑和理性。

1. 反思

反思就是对思考的再思考,对自己的初始想法或看法进行推敲、审验、评估,找出其中的偏见、错误、妄想甚至迷信等缺陷。就像杜威在《我们如何思考》中提出的那样,对观点和被认同的知识采取主动的、持续的、仔细的思考。比如在课堂教学中,有的老师经常会问:"经过刚才的学习,你对这部分知识有怎样的认识?"这就要求学生回过头来好好想一想,将前面的知识进行概括、总结,从而提出自己对这部分知识的理解和认识。这就是一个反思的过程。

2.质疑

质疑是对概念、规律的形成过程、实验现象、实验数据、实验结论的真实性或者方案的合理性持有疑问,但是这种质疑,一般是要讲证据的。比如:我相信……,是因为……;我这样做是因为……。你的理由是真的吗?假设可靠吗?推理符合逻辑吗?

3.理性

所谓"理性"就是有证据地做出判断和决定的过程。杜威认为,在接受一个观点之前,第一反应不是"我需要找到正确的理解方式",而是"作者的这个观点有什么支撑""这个支撑是否合理",因此理性也可以理解为实证性。

比如对于光速的认识,亚里士多德认为:光的传播速度为无限大,光传播不需要时间。因为这种观念与人们日常生活观念是相符合的,当我们看见远处雷击时,闪电瞬时便传到眼睛,但是雷声却是在一个明显的时间间隔以后才传入耳中。而伽利略则认为,这个现象只能说明声音的传播速度比光的传播速度要慢些,并不能说明光的传播是瞬时的。虽然光的传播速度非常快,但总是有时间的。从上述的分析,我们发现,无论是亚里士多德还是伽利略,对于各自所提出的观点,都是有证据的思维过程,但是批判性思维要对所提供的证据进行评估,评估证据的合理性,这就是批判性思维中的"理性"。

因此,反思、质疑和理性也是对批判性思维的基本要求。

第三节　批判性思维重要吗

一、课标中的批判性思维

《普通高中物理课程标准(2017年版2020年修订)》中对"科学思维"这一概念是这样解释的:"科学思维"是从物理学视角对客观事物的本质属性、内在规律以及相互关系的认识方式;是基于经验事实建构物理模型的抽象概括过程;是分析综合、推理论证等方法在科学领域的具体运用;是基于事实证据和科学推理对不同观点和结论质疑和批判,进行检验和修正,进而提出创造性见解的能力与品格。

彭前程老师认为第一句话确定了科学思维是一个什么样的思维,第二句话指出在建模的过程中常常采用的思维方法是抽象与概括,第三句话指出科学领域中采用的具体方法通常是分析综合、推理论证;第四句话指出对于不同的观点或结论要质疑、批判、检验和修正。[①]

从这四句话中,我们可以看到,第一句话中提到的"对客观事物的本质属性、内在规律以及相互关系"是需要用批判性思维来认识的;第二句话中模型的建构需要抽象概括的过程,而在抽象概括的过程中就蕴含着批判性思维;第三句话中的推理论证就是批判性思维中的要素,对于观点的判断需要科学的推理与论证;第四句话中的基于证据的质疑、批判、检验和修正,正是批判性思维技能的要求。

《普通高中物理课程标准(2017年版2020年修订)》中对"科学态度与责任"是这样描述的:"科学态度与责任"是指在认识科学本质,认识科学、技术、社会、环境关系的基础上,逐渐形成的探索自然的内在动力,严谨认真、实事求是和持之以恒的科学态度,以及遵守道德规范,保护环境并推动可持续发展的责任感。这些要素也是批判性思维倾向的具体体现。

因此,仔细分析课标会发现,其内涵处处体现对学生的批判性思维的技能要求和培育学生批判性思维倾向的要求,可见批判性思维的重要性。

二、中学物理知识与批判性思维

浙江大学王彦君副教授认为物理知识的形成可以分为两个角度:一个是从古代物理学即天文学和力学的角度,一个是从现代物理学即电磁学的角度。古代物理学一般是通过观察和实验,获得经验之后形成新知识;现代物理学一般是通过大胆的猜测,然后小心地求证再形成新知识。

比如天文学知识的形成过程:先是通过观察,形成经验,再形成天文学知识。古希腊人通过观察发现,太阳从东方升起西方落下,认为所有的行星都是围绕地

---

① 彭前程.物理学科核心素养的理解与践行[J].物理教学,2020(2):6-12.

球(见图1-4)运动的,并形成了"地球是宇宙中心"这样一种信念。但是这一学说在解释行星的运动时遇到了一些困难,哥白尼质疑了这一学说,他怀疑地球本身可能是运动的,提出"日心说"(见图1-5),认为"所有的行星都是围绕着太阳,沿着圆轨道运动,不会停止,太阳是太阳系的中心",这一理论为宇宙物理学的发展奠定了基础。后来德国天文学家开普勒推翻了"行星轨道是圆形"这一观点,在没有微积分理论指导下,通过变通的方式经过艰苦的计算,得到了"行星的轨道是椭圆"的结论,建立了开普勒三大定律,认为太阳以某种方式驱使着行星运动,行星的轨道是椭圆形的,准确地预测了"水星凌日"等现象,同时对哥白尼的"日心说"提供了有力的支持。从这一过程我们发现,人们通过观察获得经验,再形成知识,当原有的知识无法解释新的现象时,人们就会对旧的知识产生怀疑,再去观察论证,从而创造出新的知识。这就是物理知识形成过程中的批判性思维的过程。

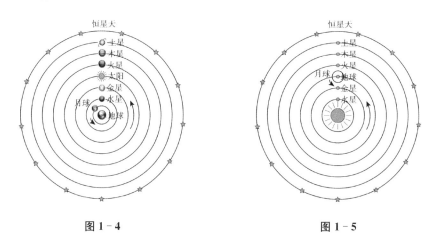

图1-4　　　　　　　　　　　　　　　　图1-5

现代物理学中很多知识的形成是先通过大胆猜测,然后再进行小心求证。比如法拉第发现"闭合电路中的磁通量发生变化就能产生感应电流",但是他解释不了电和磁是如何转化的,因为人眼是观察不到电和磁的。他首先建立了"场"的概念,大胆猜测可能是磁铁周围存在磁场,导线周围存在电场,通过场的相互作用来实现电与磁的转化,但是没有经验或实验的支持。直到30年之后,麦克斯韦给出了磁场强度、电场强度、磁感应强度、电位移等物理量之间的定量关系,即麦克斯韦方程组,预言了电磁波的存在。随后,赫兹在实验室中验证了电磁波的存在,才证实了法拉第的大胆猜测,从而形成电磁场的理论。麦克斯韦并不是通过观察开始的,而是创立了麦克斯韦方程组,预言电磁波的存在,然后赫兹证实了电磁波的存在,这是从大胆的猜测到小心求证的新知识的形成过程,也是批判性思维的过程。

三、批判性思维促进培养学生的核心素养

1. 有利于物理观念的形成

物理观念的形成需要在概念、规律等物理知识的形成过程中,经过提炼、升华、应用才能形成。提炼、升华以及应用是在对知识的反思、辨别、质疑、评价中才能形成。在应用物理知识解释物理现象和解决问题的过程中,根据提供的物理情境,需要运用已有的知识推理出所要的结论。在这一过程中,对于物理现象的解释和推导的结论是否正确,需要对过程中所使用的证据进行分析和评价。这就是批判性思维在其中所起的作用。

(1) 基本认识的形成

在形成物理观念的过程中,首先是经过学习,形成基本的认识。比如在"能量的转化和守恒"这一节课中,学生通过阅读、观察、体验等方式,运用比较、抽象、概括等思维方式形成对能量的转化和守恒思想的基本认识。表 1-6 和表 1-7 就是经过阅读教材之后绘制的表格。

表 1-6 教材中提供的能量转化的案例

1	燃料燃烧	化学能——→内能
2	吸热反应	内能——→化学能
3	电动机	电能——→机械能
4	发电机	机械能——→电能
5	电灯发光	电能——→光能
6	蓄电池充电	电能——→化学能
7	各种生物电、生物磁	化学能——→电磁能

表1-7 教材中提供的能量守恒的案例

1	1836年俄国化学家盖斯发现在任何一个化学反应中,一步完成与几步完成	放出的热量相同
2	德国医生J·R·迈尔发现在热带地区静脉里的血液比在欧洲时更红	食物中的化学能与热能等效
3	德国科学家H·亥姆霍兹从永动机不可能制成出发,考察各种自然界不同力(能量)之间的转化,提出"张力(势能)"和"活力(动能)"之间的转化	过程中是守恒的
4	电磁现象和生物体内的能量之间	能量守恒

通过阅读教材,以列表(见表1-6、表1-7)的形式进行比较,形成基本认识:自然界中的各种运动形式都有对应的能量;能量是不能创生的;不同形式的能量之间是可以相互转化的;在转化的过程中,能量是守恒的;这种守恒是不需要条件的。这一过程的形成需要反思上述每一个案例,然后通过比较、辨别、抽象等思维形式,最后概括出对自然界中能量的认识。这就是一个基本的思维过程。

(2)提炼和升华

在形成基本认识之后,通过提炼和升华,可以认识到:自然过程虽然千姿百态,但能量把它们联系起来,成为自然界公共量度;突破了人们关于物质运动机械观念的范围,从本质上表明各种运动形式的能量是可以相互转化的。上述提炼与升华的过程需要不断地反思,对原有观点进行解释、推理、评价,突破原有的机械运动的观念,将能量这一概念升华为自然界中更为普适的一个概念。在提炼与升华的过程中,运用了反思、质疑、分析、推理、解释、评价等批判性思维的技能,从而形成能量观。这就是批判性思维在提炼和升华中所起的作用。

2.有利于将思维引向深入

我们知道,思维是人脑对观察到的物理现象的间接的概括反映,但是概括所得出的结论是否准确,需要运用批判性思维进行反思、质疑、分析和评价。这样就将思维引向深入。比如亚里士多德根据直观的经验,得出"物体的运动需要力来维持"的结论,对于这样的结论,具有批判性思维的人就会提出:你的证据是什么? 你的证据合理吗? 这一认识一直持续了 2000 多年,那么人们就会觉得:亚里士多德是思想家、哲学家,怎么也会犯这样的错误呢? 这样的一些质疑,就将人们的思维引向深入。

思维也是根据已有的知识推出结论的过程,但是推出的结论是否正确,具有批判性思维的人,就要对你提出的证据、推理过程进行反思、质疑、分析和评价,使你更加坚信结论的可靠性。比如人们根据能量的转化和守恒定律,就可以推测:既然能量的转化是守恒的,为什么还会出现能源危机? 人们就会对"能量的转化和守恒定律"的观点产生怀疑,就促使人们去探究其中的道理,发现在自然界的各种宏观转化的过程中,转化的过程具有方向性,是不可逆的,不是能量的转化和守恒定律的观点出现了错误。经过这样的批判性思考,人们更加确信能量的转化和守恒定律是自然界中的普适的规律。

3. 有利于将科学探究引向深入

《普通高中物理课程标准(2017 年版 2020 年修订)》对"科学探究"是这样解读的:"科学探究"是指基于观察和实验提出物理问题、形成猜想和假设、设计实验与制订方案、获取和处理信息、基于证据得出结论并做出解释,以及对科学探究过程和结果进行交流、评估、反思的能力。学界普遍认为"科学探究是以科学思维为核心,解决各个要素的问题解决过程"①,因此,要能够推动各个探究环节的深入,就需要批判性思维的介入。

课标将科学探究划分为五个水平,对每一个水平提出了不同的要求,比如水平五的描述是:能面对真实情境,从不同角度提出并准确表述可探究的物理问题,做出科学假设;能制订有一定新意的科学探究方案,灵活选用合适的器材获得数据;能用多种方法分析数据,发现规律,形成合理的结论,用已有物理知识做出科学解释;能撰写完整规范的科学探究报告,交流、反思科学探究过程与结果。这段话中所提到的"从不同角度……""科学假设""灵活选用……""多种方法分析……""合理的……""科学解释""交流""反思"等技能,都是具有批判性思维的人所具有的特征。因此,我们可以得出这样的结论:具有批判性思维的人,才能

---

① 郭玉英.学生的科学探究能力:国外的研究及启示[J].课程·教材·教法,2005(7):93-96.

够使科学探究的各个要素得以落实。

4. 有利于加深对科学本质的认识

对于科学本质的认识需要批判性思维推动,批判性思维能够加深学生对科学本质的认识。比如我们学习的教科书中的物理知识,是已经充分证明的且不受怀疑的,但如果出现了新的证据或对原有证据有新的、更合理的解释时,它未来可能也会发生变化。对数据的分析和解释是科学实践的重要方面,科学家对相同的数据形成不同的解释,彼此出现分歧可能也是合理的。对于自然现象的假设和预设是形成新知识的必要环节。科学家的工作就是不断地和反复地提出问题与寻求答案,之后引发新的问题。对于这些认识的深入的理解,是需要批判性思维介入的。因此,批判性思维有利于加深对科学本质的认识。

第二章 批判性思维的技能与倾向

了解了思维的显性化以及批判性思维的概念,还不能对观点或结论进行科学的判断和推理,还需要理解批判性思维的技能与倾向。技能与倾向是批判性思维的工具。

第一节 怎样理解批判性思维核心技能

根据范西昂团队研究的结果,批判性思维的技能由阐释、分析、推理、评估、解释和自我调整六部分构成,下面通过实例说明每一项技能的含义。

一、"阐释"技能

1. 含义

(1) 德尔菲模型中的含义

"阐释"是指领会和表述各种经验、境况、数据、事件、判断、公约、信念、规则、程序或标准的意义或重要性。[①]

(2) 德尔菲模型中的子技能

"阐释"子技能包括分类、破解意涵以及澄清意义。

① 分类是指学习者使用一定的标准对知识进行归类和区分。

② 破解意涵是指理解和描述各类内容表达等,如察觉其目的、理解深层次意义、解释数据等。

---

① 彼得·范西昂,都建颖,李琼.批判性思维:它是什么,为何重要[J].工业和信息化教育,2015(7):10-27.

③ 澄清意义是指通过描述或者类比的表达式来解释或澄清各对象想要表达的含义并能消除歧义,在具体实践过程中,往往与破解意涵一起出现。

比如,不带偏见地识别并描述问题;区分出一个段落中的主要论点及分论点;将自己正在研究的事务进行常识性的分类或组织;用自己的话释义他人的观点;澄清一个符号、图形或图表的意思。

（3）物理教学中的含义

在物理学习中,学生面对的是需要解决的问题。阐释这项技能是指学生需要领会所要解决的问题、观点或结论的真正含义,提取问题中的关键概念做出表述,将问题分解成几个独立的意义单元,不掺入个人偏见地解读观点。正确阐释是分析、评估的基础和前提。

学生表现出的行为往往包含以下几方面的内容:

① 这个问题意味着什么?

② 我们应该怎样理解这个问题的重点?

③ 对这个现象进行描述的最佳方式是……

④ 这个问题可以分为以下几个小问题。

…………

2. 实例

（1）动能定理是否适用于任何情况?

对这一问题进行批判性思考,则学生需要领会该问题中"适用条件"和"动能定理"的含义,其头脑中应该呈现出:

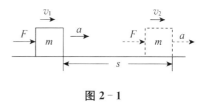

图 2 - 1

"若一个质量为 m 的质点受合力 F 作用,发生了一段位移 s,速度由 v_0 变化为 v_t,则合力做功等于某种与运动有关的能量(即动能)的变化量,且动能可以由 $\frac{1}{2}mv^2$ 来表达。"

他需要做出不含偏见的理解——"该结论适用于前提成立的条件"。

（2）质量 $m=1.67\times10^{-27}$ kg 的质子在高能粒子加速器中被加速为动能

$E_k = 1.6 \times 10^{-10}$ J。某同学根据 $E_k = \dfrac{1}{2}mv^2$ 算出质子的速度 $v = 4.38 \times 10^8$ m/s(计算无误)。你认为该同学的结论是否合理? 说明理由。

对这个问题的阐释需要学生破译出:

① 质子加速得到的动能是实际测量的。

② 质子的速度是通过公式计算的。

至于寻找"光速是自然界的极限速度",从而评估"算出的质子的速度超过光速",则属于分析、推理、评估等技能。

二、"分析"技能

1. 含义

(1) 德尔菲模型中的含义

"分析"是指从陈述、问题、概念、描述,以及其他旨在表明信念、判断、经验、理由、信息或观点的各种表达形式中,识别出所意向的或实际的推理关系。[1]

(2) 德尔菲模型中的子技能

"分析"这种技能包括三个子技能,分别是检查观点、侦查论证和分析论证。

"检查观点"的含义:确定各种表述在辩论、推理、劝说中的角色;比较观点、概念或陈述;发现论点、问题的组成部分以及各部分之间的联系。

"侦查论证"的含义:确定陈述、描述、图表是否在表达或企图支持或挑战某些观点。

"分析论证"的含义:针对支持或者反对某些观点给出理由;辨别或区分主要结论、前提和理由、中间结论、假设、论证结构、推理链。

(3) 物理教学中的含义

"分析"技能主要是指辨别他人的立场,找到相关的证据,看穿表面背后的假设,明确它的逻辑关系。

---

① 彼得·范西昂,都建颖,李琼.批判性思维:它是什么,为何重要[J].工业和信息化教育,2015(7):10-27.

2. 实例

法拉第在研究"磁生电"的现象的过程中,耗费了很多时间和精力。为什么花费那么长的时间呢? 如果我们仔细地分析法拉第的研究过程会发现,开始时他认为磁生电应该如同奥斯特发现的电流磁效应一样,是一种"稳态"效应,而实际上磁生电是一种"暂态"效应。由于开始时的假设是错误的,导致他花费了十年

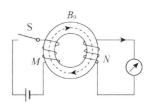

图 2 - 2

的时间和精力。因此找到表象背后的假设,就能够了解探索规律背后的原因与艰辛。法拉第发现问题的原因之后,继续自己的探索,在此基础上,又提出新的假设:(1)不要圆铁环,还能在线圈 N 中产生感应电流吗? (2)不用线圈 M,直接用磁铁相对于线圈 N 运动,线圈 N 中是否仍有感应电流产生? 法拉第又做了许多相应的实验,答案是肯定的。法拉第一共做了十几个实验,最终认识到电磁感应现象的暂态性,提出了只有在静止导线中的电流变化时,才能在另一个静止导线中有感应电流出现,而导线中的稳恒电流不可能在另一个静止导线中有感应电流。

三、"推理"技能

1. 含义

(1)德尔菲模型中的含义

"推理"是指识别和确定做出可靠结论所必需的元素,形成推测和假设,考虑相关信息,从数据、陈述、原则、证据、判断、信念、观点、概念、描述、问题或其他表现形式中演绎出结果。

(2)德尔菲模型中的子技能

"推理"分为三项子技能:寻求证据、推测多种可能、得出结论。

"寻求证据"包含了解需要支撑的前提,制定策略,收集提供支持的信息,判断与适用性、合理性、相对性有关的信息等行为。

"推测多种可能"便于我们对问题形成更全面的认识。比如,提出解决问题的多种可能;提出可能的假说和前提;提出决定、立场、政策、理论、信念所致的各

种可能后果。

"得出结论"包括运用适当的推理模式来确定对某件事或某个问题应该持的观点、立场或意见;辨析出某种表述中的推理关系以及所支持、暗示或包含的结果或前提。比如进行实验并运用适当的统计推理方法,以证实或否定某个经验假设;针对有争议的问题,审查各种意见,考虑反对意见及其提出的理由,搜集相关信息,并就该问题提出自己的深思熟虑的意见;用规定的推理规则从公理中推导出一个定理。

（3）物理教学中的含义

在物理学中,推理就是根据观察到的现象或者给定的情境,利用已有的知识、方法、经验或假设等,针对问题进行有根据的判断,推出符合逻辑的结论的过程。推理可能是正确的,也可能是错误的;可能是符合逻辑的,也可能是不符合逻辑的。因此检查推理是否合理,最重要的一点是检查证据是否合理以及推理是否符合逻辑。

中学物理中常见的推理形式有归纳推理、演绎推理和类比推理等。

2. 实例

（1）归纳推理

归纳推理是对自然现象进行归纳形成概念、原理、理论、模型等的过程,也就是从个别事实出发,概括出一般的概念、规律的思维方法。

归纳推理包括完全归纳法和不完全归纳法。完全归纳法就是把所有的事实都列举出来,然后再归纳出一般的结论,但是在物理学中许多情况下是不可能一一列举的。不完全归纳法包含简单枚举法和科学归纳法。简单枚举法就是列举部分物理现象而得出一般性结论的方法。但是物理学是一门严密的科学,由于没有列举全部对象,不能保证在没有考察的对象中不出现例外,因而是一种可靠性不大的推理。在物理学中经常采用的是科学归纳法,就是根据对某类事物的部分对象的本质分析,找出它们的内在联系,推出一般结论。它是一种优于简单枚举法的不完全归纳法,其结论是可靠的。

比如牛顿在论证天体之间的引力是否符合万有引力定律这个规律的时候,受到布里阿德的启发,认为引力可能与距离的平方成反比,进行了著名的月—地推理过程。他是这样推测的："月球到地心的距离约为苹果到地心的距离的 60 倍，因而地面附近的重力加速度约为月球向心加速度的 3 600 倍。再根据月—地之间的距离以及月球的运行周期进行了估算，结果差不多是吻合的。"于是牛顿根据月—地检验得出引力平方反比定律，推广到一切星体间的引力也遵循平方反比定律的结论。

牛顿主要是抓住苹果和地球之间、月球与地球之间以及月球的运转周期之间的内在联系，推出一般结论，采用的就是科学归纳的方法。

（2）演绎推理

演绎推理是通过依据基本概念、原理、理论或模型对自然现象做出假设的演绎过程，也就是由一般到个别的推理过程。

比如，人们发现在 β 衰变的过程中，能量总有某些程度的损失，这就使科学家们产生"能量守恒定律是否在微观世界仍然成立"这样的质疑。科学家们猜测"如果能量守恒定律仍然成立，那么 β 衰变的过程中就一定有某种新粒子产生带走一部分能量"。泡利坚信能量守恒定律是正确，认为有一种没有电荷、自旋为 $h/2$ 的中性粒子；费米把这种中性粒子称为"中微子"，并建立 β 衰变的理论；后来美国的莱恩斯和考恩在实验中证实了中微子的存在。科学家们通过已有的知识（能量守恒定律），提出可能有某种新的粒子产生并带走一部分能量的猜测，最后通过实验找到这种新的粒子，从而建立新的理论。这就是一个典型的演绎推理的过程。

上述过程可以用三段论的形式将其推理过程表示出来。大前提：所有的物理过程都遵循能量的转化和守恒定律。小前提：β 衰变的过程是一个物理过程。结论：β 衰变的过程也遵循能量的转化和守恒定律。

演绎推理是从一般到个别的过程。演绎推理的前提和结论之间是必然的，也就是说，如果前提正确、推理形式正确，那么结论一定是正确的。因此从批判性思维的角度来说，就要对前提、推理形式、推理的结果进行判断和评估。比如对于提出的猜想与假设经常要对假设的依据进行评估，也常常只有对推理的结果经过实验的证明，才能确认结论的合理性。

（3）类比推理

类比推理是根据两个或两类对象有部分属性具有相似性，从而推出它们的其他属性也有相同点的思维过程。类比推理不同于演绎推理从一般推导到个别,也不同于归纳推理由个别推导到一般,它是从一般到一般,从特殊到特殊的推理。

比如(见图 2-3),库仑在研究静电力时,把它跟万有引力进行类比,将万有引力定律中的质量和电荷量做类比,从而确立了平方反比关系的猜想;再用扭秤精确地测量静电力与距离之间的关系,发现了用平方反比表示时其指数偏差约为 0.04。也就是说,在类比推理的思想指引下,结合实验误差分析,库仑推

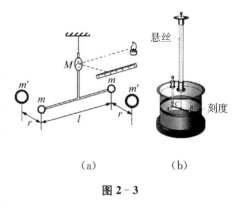

图 2-3

断静电力与距离之间服从平方反比的关系,从而建立了库仑定律。又如,惠更斯将光与声两类现象进行了对比,在证明它们都具有直线传播以及反射、折射等共同属性的基础上,根据声的本质是由物体的振动所产生的一种波动,推断光的本质也是一种波动,从而创立了光的波动说。

类比推理是由特殊推出特殊的过程,前提和结论之间具有或然性。在类比推理过程中的研究对象毕竟是不同的,因此类比推理的结论还需要进行批判性的思考并经过实验的检验,才能判断它的真伪。

四、"评估"技能

1. 含义

(1) 德尔菲模型中的定义

"评估"是指判断可信度和逻辑性,包括评定各种表述的可信度,以及判断各种表述之间的推理关系是否合乎逻辑,这些表述可以是个人的见解、经验、处境、判断、主张等。[1] 比如,判断一个作者的可信度,判断两种说法是否矛盾,判断现有证据是否支持所得结论等,这些都属于评估。

---

① 彼得·范西昂,都建颖,李琼.批判性思维:它是什么,为何重要[J].工业和信息化教育,2015(7):10-27.

（2）德尔菲模型中的子技能

"评估"的子技能分成两项,分别是"评估论断"和"评估论证",具体来讲,就是"评估论断的可信度"及"评估论证的逻辑性"。由于论断是由论证得到的,所以评估论证是评估技能的核心部分。

评估论断是指判断任何给定表述的可能性或真实性的可信程度。比如,判断信息来源的可接受程度,判断一个给定的断言可能是对的还是错的等。

评估论证是指考量论证中所用的演绎推理或归纳推理,判断推理的质量。比如:判断某一论证的前提为真,是否足以证明结论为真(演绎确定),或极有可能为真(归纳证明);确定论证是否依赖于错误的或可疑的假设,然后确定这些假设对论据的说服力有多大的影响;在合理和不合理的推论之间做出判断;判断论证的前提和假设的证据强度,以决定论据的可接受性。

（3）物理教学中的含义

在物理教学中,评估论断就是依据物理学的知识对某一观点或结论的可靠程度做出判断。比如某同学估算出一个人爬楼梯的功率是 6 kW,我们马上可以根据物理学常识判断出来这个结论是错误的。

而演绎论证和归纳论证是物理学中使用最多、最重要的逻辑方法。归纳是从个别到一般的思维过程。物理学中开展实验,进行多次观察,进而在大量实验的基础上归纳出普遍性的定律就属于归纳。演绎是从一般到特殊的推理,它可以从普遍性较大的前提推导出特定情形下的结论。物理学中的数学推导,由普遍原理逻辑推理出特殊条件下的结论,就属于演绎。

评估演绎论证就是评估其前提或者结论的真实性以及论证的有效性。在评估归纳论证时,并不像在演绎论证中那样考虑有效性,而是考虑结论的强度。一般情况下,我们可以说归纳论证"较弱"或"较强"等。

2. 实例

在日常生活中,人们普遍认为"重的物体下落得更快",也有相当多的"证据"来支撑这样的论断,比如一个小铁球下落得就要比一张纸片快。

教师:同学们有什么证据支持"重的物体下落得更快"的观点?

学生 1:泡沫块和铁球在同一高度释放,铁球更重,下落得也更快。但是我用一个一元硬币和小铁球做实验,从同一高度释放,它们是同时落地的。而硬币确实比铁球轻一点。

教师:也就是说,轻重不同的物体可以下落得一样快。还有其他情况吗?

学生 2:我们拿了一张纸片,撕下一小块,这一小块比余下的纸张要轻;把这一小块揉成团,结果发现小纸团比大纸片下落得快。

教师:基于以上证据,"重的物体下落得更快"这一观点正确吗?

学生:不正确。

教师:物体的重量是不是影响下落快慢的必要因素?

学生:不是。

教师:那到底是什么原因影响了物体下落的快慢?

在以上归纳论证中,依托单一的证据得到的结论就是片面的、不真实的。这些证据比较弱,不够充分。

⋯⋯⋯⋯⋯⋯

教师:在学习了自由落体运动的相关知识之后,有同学想估算雨滴下落的速度。假设雨滴从 500 m 的高度由静止落下,该同学的解答过程如下,这位同学的解答正确吗?

$$t=\sqrt{\frac{2h}{g}}=\sqrt{\frac{2\times500}{10}}=10 \text{ s}$$

$$v_t=gt=10\times10=100 \text{ m/s}$$

学生:这位同学估算的雨滴落地时的速度约为声速的 30%,那么雨滴的冲击力将会非常大,将会对地面物体造成损伤。这不符合物理常识。

教师:很好。物体从很高的地方下落时,空气阻力不可忽略。随着下落速度的增大,空气阻力也随之增大,下落足够长的距离后,阻力等于物体重力,此时物体将匀速下落。所以上述解答有误,我们不能直接用自由落体相关公式进行计算。

五、"解释"技能

1. 含义

（1）德尔菲模型中的含义

"解释"是指能够以令人信服且前后一致的方式展示推理结果，或者说能纵观全局，既能在多个层面陈述和论证自己的推理结果，顾及证据性、概念性、方法论、标准以及背景因素，又能以合理的辩论形式展示推理过程。[①]

（2）德尔菲模型中的子技能

"解释"的子技能包括描述方法与结果、辩护合理性。解释是在阐释、分析、推理、评估基础上的总结性发言，是一种整合式的呈现。

（3）物理教学中的含义

在物理学习中，解释是指调用物理概念和规律对论证或问题解决的全过程做完整的因果关系的说明。具体而言，即学生在其原有知识的基础上，主动构建问题空间，完整地对其论证某一结论或解决问题的过程中运用的策略方法、解决问题所需的物理概念和规律、执行与评估或再执行与再评估等的合理性进行辩护。

2. 实例

动能定理是否普遍适用？

在"动能和动能定理"一课中，学习者通过匀变速直线运动模型推导出 $W_{合} = \frac{1}{2}mv_t^2 - \frac{1}{2}mv_0^2$ 后，产生"该结论是否普遍适用"的疑问，这是批判性思维的开始。

学习者只有调用"力、运动、速度、加速度、动能、做功"等概念，才能理解动能定理所反映的物理量之间的关系，对相应的论证依据进行辩护，解释原有结论的不可靠之处和新推理的可信之理。

学习者用文字语言、数学表达式、图像或者概念间的关联网络的形式，解释动能定理将在宏观、低速范围内普遍适用的证据，并说明证据的合理性。

---

① 彼得·范西昂,都建颖,李琼.批判性思维:它是什么,为何重要[J].工业和信息化教育,2015(7):10 - 27.

其基本环节可以表示为如下流程。

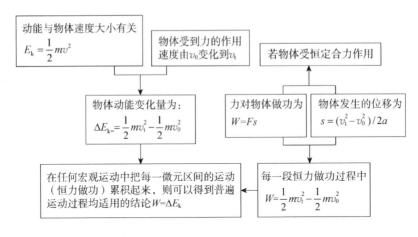

图 2 - 4

六、"自我调整"技能

1. 含义

（1）德尔菲模型中的含义

"自我调整"技能是指有意识地对自己的认知过程、影响因素和认知结果进行回顾,将分析和评估技能用于自己的判断和推理,来进一步质疑、验证或修正、完善推理的过程和结果。[①]

（2）德尔菲模型中的子技能

"自我调整"技能包含了两个子技能:自我监控和自我修正。

"自我监控"是指个体为了实现自己的活动目的,将自己的实践活动作为监控对象,积极地进行计划、管理、检验、调节和评价。具体来说,就是根据活动目的和自身实际情况主动制订活动计划,执行实践活动方案并结合实际情况调整解决策略,在实践中随时注意检查活动方案的合理性,管理自身掌握的信息和资源,在活动结束之后主动对活动过程中的知识和方法进行回顾整理和经验总结。

"自我修正"是指个体在监控自己的活动中,当监控到错误或不合适的情况

---

① 彼得·范西昂,都建颖,李琼.批判性思维:它是什么,为何重要[J].工业和信息化教育,2015(7):10 - 27.

时,主动进行修正的行为。这里的修正并不完全等于"纠正"。纠正是基于改正已犯的错误,而修正既包括改正错误,也包括了使活动更准确的一些补救措施。自我修正是自我监控的外显行为。

（3）物理教学中的含义

当学生在认知过程中产生了冲突,或在学习过程中遇到了矛盾,则需要学生对自己的思考进行再思考。物理学科中的"探究性"就是要求学生不断地回顾自己的思维过程,为问题的解决提出更多更新的方案。首先,实验和理论的差异是促使学生开始反思的动机;其次,回顾自己的思考,根据矛盾冲突做出新的判断;最后,将重新编码后的思维过程付诸实践过程,用行为表现出反思的过程。但在教学中,学生个体在自我调整上的表现大相径庭。就像在生活中自己的利益受到侵害时,没有法律意识的人,会选择漠视自己的权利或是采用错误的手段解决问题;法律意识较弱的人,知道法律能保护自己的权利,但又不知如何运用法律;而法律意识较强的人,懂得如何用法律的武器来保护自己并采取有效的措施。

在学生的认知过程中,大致可以分成以下几种情况:第一种,面对问题不会对自己的思考过程进行回想,不能将新旧知识联系起来,也不能回忆自己经验中以前解决相似问题的方法;第二种,当面对问题时,能够对自己的思考过程进行回想,尝试用已有的经验来解决问题,但有时鉴于分析、推理和评估能力较低,不能提出解决问题的替代方案;第三种,学生能够跳出自我,对自己的想法进行重新思考,利用评估技能对想法和观点进行进一步质疑,最终改进自己的不足。

2. 实例

（1）实例1:验证玻意耳定律

学生运用DIS设备探究"一定质量的气体,在温度不变的情况下,气体的压强和体积的关系"后,发现实验得到的 $p-1/V$ 图像并没有过原点,也就是说探究的结果并不遵循玻意耳定律的内容,于是学生进入了自我调整的阶段。

首先学生回溯到实验的执行阶段,反思是否是由于操作不当造成了实验的误差。通过对比各小组的实验图像发现,所有小组得到的图像的截距都是偏上的。如果是实验操作上的误差,那么误差应该是随机的,偏上、偏下、过原点都会产生。排除了偶然误差,那么可能就是系统误差了。其次再对计划阶段进行回顾,在观察实验器材和教师启发下,学生发现误差可能来自连接压强传感器和注射器的软管处,实验中气体体积读数偏小而出现了误差。然后进入自我调整阶段,学生提出消除误差的替代方案,如尽量将连接软管缩短,量出软管体积进而算出密闭气体的真实体积,重新在纸上作出 $V - 1/p$ 图像等。

(2) 实例 2:研究摩擦力的方向

一个圆盘可绕通过圆盘中心且垂直于盘面的竖直轴 OO' 转动。在圆盘上放置一个小木块 A,它随着圆盘一起做匀速圆周运动[见图 2-5(a)]。木块受到的静摩擦力的方向指向哪里? 许多学生的错误答案是沿着圆周运动的切线方向。于是在教师的带领下,学生运用批判性思维进行反思。

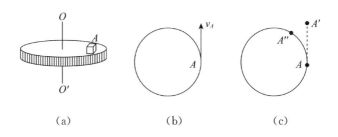

(a)　　　　　　　(b)　　　　　　　(c)

图 2-5

首先,学生回顾之前的思考过程,进入自我监控阶段。学生表述的思考过程是:物体的运动方向是切线方向[见图 2-5(b)],根据静摩擦力的方向与运动方向相反,可知静摩擦力的方向是沿切线方向反方向。此时,教师介入,提出反驳意见:静摩擦力的方向是与相对运动趋势方向相反,而不是与运动方向相反。学生随后进入自我调整阶段,区分"运动方向"和"相对运动趋势方向"两个概念。学生调取学习经验,假设木块运动到 A 处时,作用在它上的所有力突然消失,则木块会沿着切线方向飞出,在时间 Δt 内运动到 A';而圆盘上的 A 点在这段时间内运动到 A''[见图 2-5(c)],因此从 A' 到 A'' 的有向线段才是木块相对于圆盘的运动趋势方向。当 Δt 趋向于零时,$A'A''$ 沿着半径方向向外,因此木块在 A 处受到的静摩擦力方向沿着半径方向指向圆心。

第二节 怎样理解批判性思维倾向

范西昂团队认为批判性思维倾向由寻求真理、心智开放、心智成熟、分析性、系统性、自信和好奇七个方面构成。下面分别阐述七种倾向的含义和现实表现。

一、"寻求真理"倾向的含义与现实表现

1. 含义

寻求真理是指在给定情境下,渴望获得最佳认知,敢于提问,诚实、客观地进行探索,即使探索结果不支持个人的利益或个人之前的观点。寻求真理是一种习惯,总是希望对任何给定情况有最好的理解。以理由和证据为引领,无论它们可能导致什么,哪怕这些理由或者证据会导致一个人质疑珍贵的信念也在所不惜。寻求真理的人会问一些尖锐的、有时甚至是可怕的问题。他们不会忽视相关细节。他们努力不让偏见或成见影响他们对知识和真理的探索。寻求真理的反面是偏见,这种偏见忽略充分的理由和相关的证据,从而不必面对困难的、令人难以接受的想法。

2. 现实表现

社会生活非常复杂,科学真相扑朔迷离,存在很多鱼目混珠、真假混淆的情况。如何分辨善恶是非、还原事物的真相,应该是做人、做事的首要问题。只有彻底探究明白一事一物,我们才能理解事物的本质,领悟到真理。在学习知识时,中学生表现出的是过度依赖教师,相信权威,进而对于问题本身是否客观、真实并不在意。面对诸多问题,如果教师直接提供答案或者解题过程,学生就不会再继续寻找事实的真相。在对教师的访谈中,老师们也提到了"学生过度依赖教师、迷信权威、人云亦云"。整体而言,相较于自己寻找答案,学生更习惯于接受教师的课堂讲解、教材的标准理论、习题的标准答案。

二、"心智开放"倾向的含义与现实表现

1. 含义

心智开放是指相信不同意见的存在、理解他人的观点、怀疑自己可能有偏见。倾向是一种稳定的心理状态,意味着行为还未发生,但这是促进某一行为发生的动力,某种意义上可以认为是一种批判"精神"。它是个体反思自我、求真公正、开放理性的产物,是好奇的心态、敏锐的头脑,以及对理性的执着追寻和对可靠信息的强烈渴求的表现,是一种稳定的心理状态,是可以通过后天学习具备的。

2. 现实表现

从教师层面来看,平时重视固化的"双基"教学,本身对心智开放的倾向较弱,不太重视倾听来自学生的不同观点。在平日的教学中大部分教师对于培养学生心智开放的意识还有待加强。

从学生层面来看,学生对于心智开放的意识比较淡薄,表现在课堂中注重听老师的观点,而不太注重认真倾听同学的观点,在实验探究中对可能指向不同结论的数据不太感兴趣,只是完成教师设定的任务。

具备"心智开放"这一批判性思维倾向的人将具备以下几种表现:

(1) 了解别人对事物的想法,对我来说是重要的。

(2) 我正尝试少做主观的判断。

(3) 研究同领域的其他人的想法是很有意义的。

(4) 对不同的观点持开放态度,允许他人为自己的观点辩护。

(5) 当面对困难时,要考虑事件所有的可能性。

(6) 在做一个决定之前,会去搜集大量的资料。

(7) 我除了会搜集支持我观点的事实,还会搜集反对我观点的事实。

(8) 如果有证据表明我的观点是不对的,我能重新反思,修正观点。

(9) 我会怀疑众人都认为是理所当然的事,并尝试搜集证据。

三、"心智成熟"倾向的含义与现实表现

1. 含义

批判性思维倾向中的心智成熟是指个体具有审慎地做出判断的特性。面对决策与问题解决时,不带入个人情感和偏见,谨慎地做出和更改判断;当反思的结果需要改变时,愿意重新考虑或修正自己的观点。对于中学生来说,心智成熟表现在能够发现问题的复杂性,利用多种方法解决问题,冷静思考、理性分析,坚持寻找有力的证据,明智和审慎地做出决策。中学课程内容中"知道牛顿力学的局限性,体会人类对自然界的探索是不断深入的"等教学要求就是对"心智成熟"的一种要求。

2. 现实表现

在学习方面,中学生一方面容易接受新鲜事物和不同的观点,但另一方面中学生也常以感情而非事实为依据,不能辩证地看待问题。在物理课堂的实验探究中,对于实验结论的总结过于草率,如在"探究分力合力的关系"的实验中,学生在自己实验误差较大,又未和其他小组交流前,便匆忙得出"合力和分力满足平行四边形定则"的结论,这种片面和武断地做出判断的倾向,便是心智不成熟的表现。另外,当遇到错误时,学生不愿花时间对自己的思考过程进行再思考,被动地等待教师的讲述,无反思倾向也是心智不成熟的表现。

四、"分析性"倾向的含义与现实表现

1. 含义

分析性是指对潜在的有问题的情境保持警觉,努力预测可能的结果,即使手边的问题非常困难或者具有挑战性,也坚持运用理由和证据的倾向。它以对使用批判性思维的机会保持警觉、信任理性质询过程、清晰地陈述问题、遇到困难能坚持为特征。具备该倾向的人能鉴定问题所在,有意识地去判断观点并主动去寻找理由和证据,以理由和证据去理解症结和预计后果。

2. 现实表现

在当前的课堂教学中,学生已经具备一定的问题意识、证据意识,能够初步

使用推理和证据来解决问题,但仅限于学习课内知识,在教师的指引下知道观点要有证据支撑。这种习性并没有延伸到日常生活中的具体情境。学生在平时遇到疑惑、问题,自己动手实践去搜集证据资料来解决问题的习惯还没有养成,缺少独立的基于证据的判断。在物理教学中,我们经常面对学生"我感觉是这样"或"我想大概是这样"之类的回答,究其原因,就是学生心中缺乏证据意识。为了养成提出问题和猜想时有证据的意识,教师可以采用创造良好的问题情境,引导学生对同伴的观点批判反驳,唤醒学生已有经验的方法或者创设现场情境获得足够的体验的方法,从而保证提出问题和猜想都"事出有因",唤醒学生对科学证据的关注。

五、"系统性"倾向的含义与现实表现

1. 含义

系统性是指在批判性思考问题时,是否能够全面、多角度思考,是否具有能够有条理、有目标地去处理问题的能力。当进行系统思维时,能将研究对象作为系统来思考,而不是重点关注研究对象的某个局部。系统思维能力强的个体,在研究问题时,善于建立框架结构来进行研究。简单来说,系统思维就是通过选择合适的框架结构,或是改善框架结构,或是自己建立合适的框架结构,从而更快速、全面、深入地思考问题并解决问题。尤其是在批判性思维方面,如果系统化能力高,就可以比较轻松地透过问题本身看到事物的本质,而不是被表面的现象所迷惑,能够更有效率地解决问题。

2. 现实表现

中学生在分析问题时,已经有了一定的分析倾向,他们能够自主发现与这些问题相关的知识点。但是如果要彻底解决问题,他们就会遇到困难和障碍。因为他们会一时间难以理清自身思维去进行系统性思考,没法做到有条理、有计划地解决问题。他们更在意要记住哪些知识点,要背出哪些知识点,难以做到对各个知识点有一个比较深入的理解;面对问题时,不能准确筛选出最相关的知识点。他们更希望面对问题时,能够立刻就想出解决方案,最好问题能够马上迎刃而解;解决问题时缺乏耐心,很难做到从多角度或者正反两个角度进行思考并选

择最有效的解决问题的方法。由此可以看出学生有一定的分析倾向，但是要通过进行系统思考来解决问题是有困难的。

六、"自信"倾向的含义与现实表现

1. 含义

自信是指相信自己。在心理学中，与之最接近的概念是"自我效能感"。自我效能感是指个体对自己能否在一定水平上完成某一活动所具有的能力判断、信念或主体自我把握与感受。它与一个人的能力水平相关，但并不代表个人真实的能力水平。这种能力预期会影响个体的目标选择、努力程度等。

具有批判性思维自信倾向的个体将自己对推理能力的信任放在一个很高的位置，他们对自己的理性分析能力有把握，在推理过程中相信自己的能力。可以说，"批判性思维中的自信"就是"关于推理能力的自我效能感"。

2. 现实表现

批判性思维倾向中的"自信"并不是通常意义上的"自信"，它是学生在某个特定领域——推理能力方面的自信。在日常教学中，我们常常会发现这样的情况：学生原本对问题有一个自己的判断或答案，此时如果教师继续追问"真的是这样吗"或者"你确定吗"，就会有不少学生开始摇摆不定，甚至修改自己原先的答案，哪怕他原来的答案其实是正确的。造成学生不够自信的原因，可能源自我们日常教学中对学生推理能力训练不足。如果我们的教学缺少了追本溯源，缺少了逻辑推理，常常是直接告知学生规律，那么学生得不到推理能力训练，因此也就无法判断自己的推理能力究竟如何，无法形成"自信"了。

七、"好奇"倾向的含义与现实表现

1. 含义

好奇是人们在生产生活中积极探求新奇事物的一种心理倾向，是当人们对于某事物全部或部分属性一无所知时激发出的想了解此事物属性的本能的内在心理。很多学习行为是在好奇心的驱动下进行的，因此，好奇心对知识的学习非常重要。好奇心一般是由于对事物的某种疑问所引起的，疑问一旦解除，好奇心

便得到满足。德尔菲批判性思维模型中的好奇心是指对知识好奇和热衷,并尝试学习和理解,就算这些知识的实用价值并不直接明显。物理学习中的好奇心表现为对物理问题有兴趣,具体表现为对新的物理概念、规律有浓厚的探究欲望,对新知识和旧知识的冲突有辨析的渴望,能够根据自身的学习情况提出相应的问题并尝试去解决等。

2. 现实表现

相关的调查研究表明,学生学习中的好奇倾向并不尽如人意。在新课预习中,学生往往在意"是什么",而很少会对新知识提出"为什么"。在新授课教学中,学生往往只会对教师展现出来的新鲜事物感到好奇,却很少会主动去挖掘教材中的新鲜事物,很少对教材中的新鲜事物提前进行调查研究。在习题课中,学生往往在意的是教师讲授题目的正确解题方法,而不去追究自己原来的解题方法错在哪里。

第三章　批判性思维倾向的现状

第一节　怎样调查批判性思维倾向的现状

一、调查内容

在德尔菲报告中,专家将批判性思维分为技能和倾向两个部分,其中技能包括阐释、分析、推理、评估、解释和自我调整,另外还有 19 种倾向(一般生活中的 12 种倾向和面对具体问题时的 7 种倾向)。后期根据德尔菲报告所开发的加利福尼亚批判性思维倾向测试,经过因素分析又抽取出批判性思维倾向的七个主要维度:寻求真理、心智开放、心智成熟、分析性、系统性、自信、好奇。本项调研的具体内容就是中学物理教师和中学生的七个维度的批判性思维倾向。

二、调查方式

调查采用加利福尼亚批判性思维倾向量表中文版(California Critical Thinking Disposition Inventory – Chinese Version,CCTDI – CV)。CCTDI – CV由七个子量表组成,分别测量批判性思维倾向的七个维度。量表采用李克特六分制,分为"非常赞同""赞同""基本赞同""不太赞同""不赞同""非常不赞同"六级。每个子量表有 10 个条目,共计有 70 个条目,其中正性题 30 道,负性题 40道。正性题和负性题的选项和赋分见表 3 - 1。

表 3－1　批判性思维倾向量表选项赋分

	非常赞同	赞同	基本赞同	不太赞同	不赞同	非常不赞同
正性题	6	5	4	3	2	1
负性题	1	2	3	4	5	6

每个子量表的得分区间为 10—60 分,七个子量表得分之和为总分,总分区间为 70—420 分。每一子量表得分和总分对应批判性思维倾向强弱程度见表 3－2。

表 3－2　批判性思维倾向强弱的分值区间

	反倾向	无倾向	弱倾向	强倾向
子量表得分	10—29	30—39	40—49	50—60
总分	70—209	210—279	280—349	350—420

第二节　部分中学物理教师批判性思维倾向的现状

调查问卷的设计和发放使用了问卷星平台,共回收教师问卷 152 份,其中专科学历 1 人,正高职称 1 人。专科学历和正高职称样本太少,不利于后续统计分析,所以剔除了这两个样本,对其余 150 份问卷进行统计分析。

一、调查结论与分析

对教师提交的数据进行汇总整理后,采用在线 SPSS 软件分析处理。对问卷数据采用 Cronbach 信度分析,得到信度系数值为 0.787,大于 0.7,说明数据信度质量高,可用于进一步分析。对问卷进行效度分析,发现所有研究项对应的共同度值均高于 0.4,说明信息可以被有效地提取。另外,KMO 效度值为 0.734,大于 0.6,意味着数据具有效度。所以,本次调查采用的问卷是可信、有效的。

1. 基本结论

(1) 频数分析

参与调查的中学物理教师来自上海、天津、重庆、哈尔滨、南京等地。初中物理教师 74 人,高中物理教师 76 人,基本各占一半。女教师 80 人,男教师 70 人。初级教师 26 人,中级教师 64 人,高级教师 60 人。本科学历 127 人,研究生学历 23 人。教师分布比例见表 3-3。

表 3-3 频数分析结果

名称	选项	频数	百分比(%)
学段	初中	74	49.33
	高中	76	50.67
性别	女	80	53.33
	男	70	46.67
职称	初级	26	17.33
	中级	64	42.67
	高级	60	40.00
学历	本科	127	84.67
	研究生	23	15.33
合计		150	100

(2) 基础指标

对批判性思维倾向的七个维度计算平均值、标准差等指标,得到表 3-4。从表 3-4 中可以看出,除了"寻求真理"之外,教师在每一个批判性思维倾向方面的得分平均值、中位数都高于 40,总分高于 280,表明教师群体有一定程度的批判性思维倾向,但这种倾向不强,属于弱倾向。

表 3-4 思维倾向七个维度的基础指标

名称	样本量	最小值	最大值	平均值	标准差	中位数
寻求真理	150	20	60	37.97	6.383	38
心智开放	150	28	59	41.28	5.166	41
心智成熟	150	15	56	41.38	6.412	41
分析性	150	28	56	44.42	4.678	45
系统性	150	23	59	40.93	5.414	41
自信	150	30	60	41.16	5.501	41

（续表）

名称	样本量	最小值	最大值	平均值	标准差	中位数
好奇	150	33	60	43.86	5.470	43
总分	150	230	401	291.00	25.994	288

从表 3-4 中可以看出，中学物理教师在"分析性"方面平均值最高、中位数最高。此外"好奇"也比较强，这应该和从事物理教学工作有较大的关系。具体说来，"分析性"是指"对潜在的有问题的情境保持警觉"——教师需要对学生的作业、试卷答题和课堂上学生的回答保持警觉，迅速发现其中的问题并给予学生及时的反馈。因此，物理教师的分析性倾向比较突出是符合预期的。而"好奇"是指"乐于知道事物是如何运作的"——物理学是一门研究事物如何运行的自然科学，物理教师在"好奇"这一维度上分值较高，也在情理之中。

"寻求真理"是指"敢于质疑、勇于提问，哪怕结果不支持个人的利益或者之前相信的观点，也要追求忠实性和客观性"。在"寻求真理"方面最薄弱，这很可能是因为教师已经习惯于接受教材的标准理论、习题的标准答案。另外，整体而言，我们的基础教育、社会环境在鼓励学生或者成年人提出问题、提出观点、提出疑问这些方面还远远不够。教师认为学生缺乏思考、不会提问、不敢质疑，其实教师群体自身在这方面也是很薄弱的。

（3）分段分布

表 3-5 中呈现的是七个维度不同倾向程度的人数分布。可以清楚地看到，七个维度中较为突出的是"分析性"和"好奇"，"分析性"倾向为正（表现为弱倾向及强倾向）的人数占到 86%，"好奇"倾向为正的占到 76.7%。表现不太理想的是"寻求真理"这一项，无倾向和反倾向的人数都是七个维度中最多的，其中超过50%的人无倾向。

表 3-5　七个维度不同倾向程度的人数分布

	寻求真理	心智开放	心智成熟	分析性	系统性	自信	好奇
强倾向	6	10	15	22	9	11	25
弱倾向	55	81	82	107	82	75	90

（续表）

	寻求真理	心智开放	心智成熟	分析性	系统性	自信	好奇
无倾向	76	57	47	20	57	64	35
反倾向	13	2	6	1	2	0	0

对总分分数段进行统计，具有强批判性思维倾向的一共 6 人，占总数的 4%，弱倾向的 94 人，无批判性思维倾向的 50 人，没有教师表现为批判性思维的另一端（反倾向）。整体而言，表现出批判性思维倾向的教师占 2/3，无倾向的占 1/3。结论是受调研教师群体整体的批判性思维倾向较弱。

2. 差异分析

采用 t 检验及方差分析研究不同学段（初中—高中）、不同学历（本科—研究生）以及不同职称（初级—中级—高级）教师在寻求真理、心智开放、心智成熟、分析性、系统性、自信、好奇及总分这八项上的差异性，结果发现不同学段、不同学历、不同职称样本对这八项内容均不会表现出显著性差异（$p>0.05$）。

利用 t 检验去研究不同性别教师在批判性思维倾向七个维度及总分这八项上的差异性，结果见表 3 - 6。可以看出：不同性别教师样本在寻求真理、心智开放、分析性、系统性、好奇及总分这六项上没有表现出显著性差异（$p>0.05$）。

性别对于"心智成熟"这一项呈现出显著性差异（$t=2.478$，$p=0.015$），具体来说，女教师平均值（42.60）明显高于男教师平均值（39.99）。性别对于"自信"这一项呈现出显著性差异（$t=-2.507$，$p=0.013$），具体来说，女教师平均值（40.13）明显低于男教师平均值（42.34）。因此，调查的结论是女教师在心智成熟方面显著优于男教师，男教师在自信方面明显高于女教师。

表 3 - 6　t 检验分析结果（性别）

	性别（平均值±标准差）		t	p
	女（$N=80$）	男（$N=70$）		
寻求真理	38.70±5.94	37.14±6.80	1.497	0.137
心智开放	41.40±5.09	41.14±5.28	0.303	0.762
心智成熟	42.60±5.15	39.99±7.40	2.478	0.015*

（续表）

	性别（平均值±标准差）		t	p
	女（$N=80$）	男（$N=70$）		
分析性	44.09±4.39	44.80±4.99	−0.93	0.354
系统性	41.09±5.00	40.76±5.89	0.372	0.711
自信	40.13±5.45	42.34±5.36	−2.507	0.013*
好奇	43.81±5.19	43.91±5.82	−0.113	0.91
总分	291.81±25.68	290.09±26.51	0.405	0.686

注：* $p<0.05$　** $p<0.01$

二、调查建议及思考

教师整体的批判性思维倾向较弱，且不同学段、学历、职称的教师在七个维度方面都没有显著性差异，说明在各个领域（不管是基础教育、高等教育，还是职业教育）的不同阶段，都没有强调批判性思维，以至于体现不出差异性。由此可以看出，培养师生批判性思维、提升思维品质的迫切性和重要性。正如于漪老师所说，"当前教育亟须转变思维模式""批判性思维是最高级、最核心的思维能力"。当前的研究倾向于在具体的学科教学中培养学生的批判性思维，而不是开设单独的批判性思维训练课程。那么，如何提升物理教师的批判性思维倾向，最终落实到物理课堂教学中，促进学生思维的发展呢？有以下三点建议。

1. 通过具体化的教学实例提升批判性思维倾向

批判性思维有多种不同的理论，一味学习理论很容易迷失在各种观点的盘根错节或者细枝末节中，不利于开展实践研究。好在不同的批判性思维理论是殊途同归的，核心都是"反思"。教师可以参照一种批判性思维理论，比如德尔菲报告中的批判性思维理论，重点抓住课堂教学的落实，可以先从教学实录中分析体现批判性思维的教学片段，关注和提取教学行为，然后设计比较完整的批判性思维环节，再应用到教学中，形成良性循环。这样做一方面可以使教师比较清晰地、迅速地掌握课堂中批判性思维培育的操作要点和实施策略，另一方面也提升了教师自身的批判性思维倾向。

2. 通过系统化的教师读本增强批判性思维倾向

不管是物理教材还是课堂教学,都已经有一些批判性思维的元素存在,但是分布零散,未成体系,而批判性思维倾向或者技能的培养需要完整的环节来锤炼。面向教师的培训,可以紧扣物理教材和课标,按照单元设计的方式,挖掘、整理、丰富其中的批判性思维元素,结合批判性思维要点"问题""证据""反思",形成教师读本,将教材中批判性思维内容表述由隐性转为显性,由零碎转为系统化。教师读本作为教材的补充,使得教师更加清楚教材各部分内容重点是培养哪种批判性思维技能或倾向,提醒教师课堂教学紧密结合批判性思维,增强思维倾向,促进师生思维品质的长久提升。

3. 通过长期化的教学转变巩固批判性思维倾向

教育的最终目的是促使学生的自我实现和长远发展。培养批判性思维,反映在课堂教学中,就是要以学生为中心,把课堂还给学生,使学生成为学习的主人,能够反思自己的学习。这就要求教师必须改变教学方式,实现教学方式的多样化。课堂教学基于问题、基于情境、基于对话,教师鼓励学生自主学习、合作探究、敢于提问,教师也要经常进行自我反思,提出问题、解决问题,日积月累,慢慢转变课堂,直至形成师生学习共同体,巩固批判性思维倾向。

第三节　部分中学生批判性思维倾向的现状

一、调查结论与分析

对学生的问卷数据进行初步汇总整理后,采用在线 SPSS 软件分析处理。对数据采用 Cronbach 信度分析,得到信度系数值为 0.809,大于 0.8,说明研究数据信度质量高,可用于进一步分析。效度分析使用因子分析进行研究,所有研究项对应的共同度值均高于 0.4,说明研究项信息可以被有效地提取。另外,KMO值为 0.803,大于 0.6,意味着数据具有效度。

1. 基本结论

参与调查的有上海浦东、金山、松江等区的中学生。其中女生 427 人,男生

486人;初中学生416人,高中学生497人。对批判性思维倾向的七个维度计算平均值、标准差等指标,得到表3-7。从表3-7中可以看出,学生在每一个批判性思维倾向方面的得分平均值、中位数都在40上下,总分高于280,表明学生有一定程度的批判性思维倾向,但这种倾向不强,属于弱倾向。

表3-7 思维倾向七个维度的基础指标

名称	样本量	最小值	最大值	平均值	标准差	中位数
寻求真理	913	10	60	37.976	8.248	39
心智开放	913	20	60	42.769	6.460	43
心智成熟	913	10	60	39.841	7.678	40
分析性	913	25	60	43.480	5.755	43
系统性	913	15	60	39.344	6.416	39
自信	913	12	60	40.139	7.133	39
好奇	913	15	60	45.771	7.388	46
总分	913	162	391	289.32	33.726	290

中学生在"好奇"方面平均值最高,此外"分析性"也比较强,而"寻求真理"这一项的分值是七个维度中最低的。"寻求真理"是指"敢于质疑、勇于提问,哪怕结果不支持个人的利益或者之前相信的观点,也要追求忠实性和客观性"。在"寻求真理"方面最薄弱,反映出学生已经习惯于接受教师的课堂讲解、教材的标准理论、习题的标准答案,教师怎么说学生就怎么听,一般不质疑教师的话。而且教师和学生在寻求真理倾向方面得分都是最低的,反映出社会文化整体偏向于听从而不是质疑,教师需要和学生一起带着问题意识看待事物,涵养出敢于独立思考、敢于批判、敢于挑战权威、敢于发表见解、敢于追求真理的思维习惯。

学生在"心智成熟"方面明显低于"心智开放",在"系统性"方面明显低于"分析性",这都比较符合这个年龄段学生的特点,符合调研的预期。"心智成熟"是指进行反省的倾向,而"心智开放"是指容纳不同观点的倾向。处于青春期的中学生更容易接受新事物,也更容易接受不同的观点,但是他们进行自我反省的倾向还比较薄弱。"系统性"是指有序处理复杂问题的倾向,"分析性"是指对潜在的有问题的情境保持警觉的倾向。中学生对情境中潜在问题已经有一定的分析倾向,但是还不具备有组织地、专心地、有序地、勤奋地探究问题的倾向。

2. 分段分布

表3-8中呈现的是七个维度不同倾向程度的人数分布,可以清楚地看到,七个维度中较为突出的是"好奇"和"分析性","好奇"倾向为正(表现为弱倾向及强倾向)的人数近80%,"分析性"倾向为正的占到76%。表现不太理想的是"寻求真理"这一项,无倾向和反倾向的人数都是七个维度中最多的,约42%的人无倾向,约13%的人反倾向。

表3-8　七个维度不同倾向程度的人数分布

	寻求真理	心智开放	心智成熟	分析性	系统性	自信	好奇
强倾向	59	128	71	136	63	94	289
弱倾向	344	528	458	555	360	362	438
无倾向	388	227	325	213	456	409	175
反倾向	122	30	59	9	34	48	11

对总分分数段进行统计,具有强批判性思维倾向的一共43人,占总数的4.71%;弱倾向的524人,占总数的57.39%;无批判性思维倾向的342人,占总数的37.46%;有4人表现为批判性思维的另一端(反倾向)。整体而言,受调研学生整体的批判性思维倾向较弱。

3. 差异分析

利用 t 检验去研究不同性别学生在寻求真理、心智开放、心智成熟、分析性、系统性、自信、好奇及总分这八项上的差异性,结果见表3-9。可以看出:不同性别学生样本在寻求真理、系统性、好奇及总分这四项上没有表现出显著性差异。

性别对于"心智开放""心智成熟"呈现出0.01水平的显著性,女生平均值明显高于男生平均值。性别对于"分析性"呈现出0.05水平的显著性,女生平均值明显低于男生平均值。性别对于"自信"呈现出0.01水平的显著性,女生平均值明显低于男生平均值。

也就是说女生在"心智开放"及"心智成熟"方面显著优于男生,男生在"分析性""自信"方面显著高于女生。女生心智更开放,意味着容易接纳不同的观点,但是"分析性"较弱,也就是对潜在问题不够警觉,两者结合可以推断出,中学阶段的女生更容易相信别人的观点或者说法。男生心智不及女生成熟,可是自信程度却较高,可以推断出青春期的男生会更多呈现出盲目自信。

表 3-9 t 检验分析结果

	性别(平均值±标准差)		t	p
	女($N=427$)	男($N=486$)		
寻求真理	38.02±7.73	37.94±8.69	0.156	0.876
心智开放	43.43±5.68	42.19±7.03	2.965	0.003**
心智成熟	40.68±6.65	39.10±8.42	3.171	0.002**
分析性	42.99±5.21	43.91±6.16	−2.440	0.015*
系统性	39.09±6.31	39.57±6.50	−1.115	0.265
自信	39.26±6.98	40.91±7.18	−3.513	0.000**
好奇	45.99±6.93	45.58±7.77	0.848	0.397
总分	289.47±30.64	289.19±36.26	0.128	0.898

注:* $p < 0.05$ ** $p < 0.01$

二、调查建议及思考

当前的研究倾向于在具体的学科教学中培养学生的批判性思维,而不是开设单独的批判性思维训练课程。那么应该如何通过课堂教学提升学生的批判性思维倾向,促进学生思维的发展? 总的来说可以充分利用学生批判性思维中"好奇""分析性"比较突出的优势,同时尽可能克服最薄弱的环节——"追求真理"。

1. 基于情境,激发兴趣,以小见大、由近致远

学生的好奇心很强,可以充分抓住这一点开展课堂教学。特别是在课堂引入环节,基于学生经验,借助于情境创设,激活学生已有知识,激发学生积极情感,帮助他们将前期知识与正在学习的知识联结起来,为学生建构知识提供一个以小见大、由近致远的支架。基于情境的教学,有利于学生产生求知欲,积极思考、主动探索,有利于学生对知识的建构,有利于批判性思维倾向的进一步提升。

2. 基于问题,开启探究,寻求知识、发现知识

学生的"分析性"比较强,因此学习活动可以更多地与问题相结合,让学生带着问题学习,以探索问题的解决方法来驱动和维持学习的动机。学生在探索过程中掌握方法和知识,获得良好的学习体验,进而实现核心素养的培育。问题化教学的目的在于提升学生学习的主动性,让自主学习发挥作用,培养学生的思维能力,提高分析问题和解决问题的能力,进而加强学生批判性思维倾向。

3. 基于对话,开展教学,有效组织、高效互动

"寻求真理"是指敢于质疑、勇于提问。这一思维倾向是学生批判性思维中最薄弱的。教师是课堂教学的组织者、引领者,提升这一思维倾向需要教师在教学中创设平等的对话环境,实现思维共轨、认知共振、情感共鸣,达到课堂教学有效组织、高效互动,鼓励学生提出自己的问题和见解。对话的过程不仅是一个认知的过程,更是一种情感交融的过程;不仅可以促进学生学业发展,而且可以推动学生批判性思维的发展。

第四章　科学家是如何运用批判性思维的

在物理学的发展过程中,很多科学事件都是在科学家们的反复争论中逐渐清晰起来的,而批判性思维恰恰是推动这种争论的源泉,了解这些物理事件对培育学生的批判性思维有重要的作用。

第一节　"地心说"与"日心说"之争

宇宙间的日月星辰究竟是怎样运动的?

观点 1:相传,最早尝试说明天体运动规律的,是公元前 4 世纪古希腊的柏拉图。他指出,天上的星体代表着永恒的、神圣的、不变的存在,它们围绕着地球做匀速圆周运动。

解释:清晨,太阳从东方冉冉升起;傍晚,太阳在西边落下。如果太阳围绕着地球做匀速圆周运动,就可以解释这一自然现象。

反驳:但是,这一模型有缺陷,无法解释少数天体的逆行现象。有时,人们会观察到火星在天体背景上逆行运动。从 9 月 1 日到 11 月 1 日记录的位置可以看出,这段时间内火星向原来的反方向运动。

观点 2:公元 2 世纪,古希腊数学家、天文学家托勒密提出了历史上著名的"托勒密地心说"。这个模型继承了古希腊的所谓圆球美满观念,把宇宙设计成为大球套小球,小球边上甚至还要穿插小球的复杂圆球体系。这个圆球的球心是地球的球心,而太阳和月亮分布在大小不同的球面上,它们围绕地球做圆周运动,同时又围绕各自小球的球心做圆周运动。同样,行星既要在不同的球面上围

绕地球做圆周运动,又要围绕各自小球的球心做圆周运动。(见图4-1)

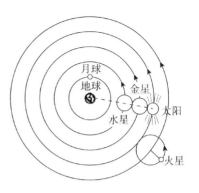

图 4-1

解释:这个模型能够解释为什么表观上看到的天体既有顺行运动又有逆行运动的现象。

托勒密设想,行星在天球上运动,在较小的圆周上做匀速圆周运动时,这个小圆叫本轮,本轮的中心在围绕地球的大圆上做匀速圆周运动时,这个大圆叫均轮。(见图4-2)当行星绕本轮转到离地球最近的位置(如图4-3中的 A)时,相对于均轮上的运动,行星是向后运动的。如果行星在本轮上的速度比本轮中心在均轮上的速度大,在地球上看到的行星就是逆行的了。

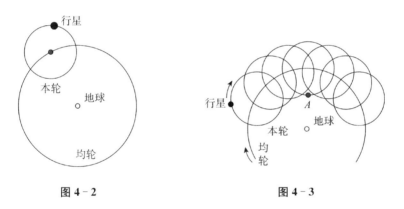

图 4-2　　　　　　　　　　图 4-3

反驳:地心说中的本轮、均轮模型,毕竟是托勒密根据有限的观察资料拼凑出来的,他是通过人为地规定本轮、均轮的大小及行星运行速度,才使这个模型和实测结果取得一致。到了中世纪后期,随着观察仪器的不断改进,行星位置和运动的测量越来越精确,观测到的行星实际位置同这个模型的计算结果的偏差就逐渐显露出来了。信奉地心说的人们并没有认识到这是由于地心说本身的错误造成的,却用增加本轮的办法来补救地心说。当初这种办法还能勉强应付,后来小本轮增加到80多个,但仍不能满意地计算出行星的准确位置。地心说用圆上加圆的轨道试图拟合行星运动的做法,显得既烦琐又欠精确。

公元 14—15 世纪,随着生产力的发展、天文观测精度的提高,再加上欧洲文艺复兴思想解放运动的影响,许多进步思想家和天文学家对破绽百出的地心体系说法表示怀疑。打破这一体系的第一人是 16 世纪伟大的波兰天文学家哥白尼。他分析了托勒密的地心体系,经过几十年的研究,建立了一个崭新的宇宙体系,这就是日心体系。

观点 3:哥白尼认识到地球也是一颗行星,和别的行星一样,都以同心圆围绕太阳运行。行星排列的次序是水星在最小的圆周上,依次往外是金星、地球、火星、木星,最后是土星,土星在最大的圆周上。而月球并不是行星,它围绕地球旋转,同时也被地球带着围绕太阳运行。(见图 4-4)众恒星则固定在遥远的空间里,并没有绕大地昼夜旋转。星空的旋转是地球自转的视觉效应,而在地球上看到的其他行星的顺行和逆行,则是所有行星绕日公转的结果。

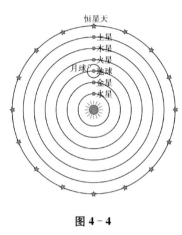

图 4-4

解释:这一模型能够很好地解释日常在地球上观察到的行星顺行和逆行运动,而且与察看到的结果非常契合。

日心说理论提出半个多世纪后,开普勒和伽利略的研究证明了哥白尼的日心说是正确的。日心说理论的创立建立在观测、思考的基础上,以观测事实作为知识的来源,依靠实践判断理论的真伪。因此,哥白尼论述日心体系的代表作《天体运行论》就成了"自然科学的独立宣言"。

现在我们知道地球是运动的,一边在围绕着太阳公转,一边在自转。我们可以用这些证据来举例说明:春夏秋冬四季的更替、昼夜长短的变化、正午太阳高度角的变化等,说明了地球的公转;傅科摆实验则可说明地球的自转。此外,由地球自转而产生的另外一些自然现象,也可以证明地球在自转。例如,地球是个扁球体,正是由于地球自转产生的离心力作用而改变形状的。在地球自转的影响下,地球上水平运动的物体,无论朝哪个方向运动,都会发生偏向。在北半球,河流总是右岸容易被冲蚀,气流水平运动时向右偏,发射出去的炮弹也是向右偏。同样道理,在南半球,河流总是左岸容易被冲蚀,气流水平运动时向左偏,发射出去的炮弹也是向左偏,等等。

从地心说发展到日心说,回看这段力学发展的历史,可以说科学家们正是不断地应用了批判性思维,才使得我们逐渐接近了真相。

第二节 "热质说"与"热动说"之争

热是什么?

观点 1:最初人们提出,热是一种流动的、没有质量的物质,在自然界中普遍存在,没有一定的形状,既看不见又摸不着,而且充满整个物体,被称为"热质"。人们将这个假设称为"热质说"。"热质说"认为,温度高的物体含有的热质多,温度低的物体含有的热质少,温度的变化是由吸收和放出热质的多少决定的。热传导是热质从热质多的地方向热质少的地方流动。辐射属于热质的传播,对流属于热质在物体内的流动等。

解释:通过一些物理现象、凭借直观的感受获得一种"假设",然后再用这个"假设"来解释其他一些物理现象,如果这个"假设"能够很好地解释其他一些物理现象,人们就更加确认这种"假设"的正确性。我们在火炉边烤火的时候,会有一种热流迎面而来。对此,"热质说"给出的解释是热质从高温的物体(火炉边的空气)向低温物体(人)传播。再比如,乙醚挥发后会突然变冷,根据"热质说",可以认为乙醚蒸气带走了大量的"热质"又来不及补充。

反驳:如果这个"假设"不能够很好地解释其他一些物理现象,也就动摇了人们对这种"假设"的认可度。这是物理学中常见的思维方式,也是批判性思维的一种表现。

"热质说"认为两个物体在摩擦的过程中,两个物体里的"潜热"被挤压出来,摩擦后物体的比热会变小。但是,1798 年英国学者伦福德在观察钻头钻炮筒的过程中发现,开始钻孔时,铁屑很多,且炮筒在发热;但随着钻头转动的时间越长,即使钻头变钝了,铁屑变少了,炮筒仍旧变得越来越热。按照"热质说"的观点,切削下来的铁屑越多,放出的热量越多,因此钻头锋利的时候比钝的时候切下来的铁屑多,对应放出的热量就应越多,后来铁屑变少了,放出的热量也应该减少。但是实验结果却与理论预测不符。

伦福德在钻孔时发现,经过 2 h 45 min 的转动,钻头钻下少量的铁屑,约为 50 g,仅为炮筒质量的千分之一,但是这些铁屑能够使约 8 kg 的水由 0℃ 上升到沸点。很难想象这么一小部分铁屑能够放出那么多的热量。

伦福德又做了一个水箱实验。他把圆筒放在一个水箱中,水重 8.5 kg,让马达带动钝钻头在圆筒中旋转,经过 2.5 h,水竟然沸腾了。他想:这些热量是从哪里来的? 从金属切削的微粒里来的吗? 事实证明不可能。从空气中来的吗? 也不可能! 因为有的实验是在水箱中做的,和空气隔离。从水里来的吗? 更不对! 水本身也热了,而且也没有发生任何化学变化。既不是空气,又不是水,只要继续摩擦,热会源源不断地产生,永无止境。这就证明,热的来源不是别的,而是运动。伦福德的观点得到了英国化学家戴维的支持。

观点 2:热是什么? 戴维认为热质是不存在的,热是物质内部微粒的运动或振动引起的,这就是热的本质。

证据:戴维把两块冰固定在由时钟改装的装置上,将整个装置放在大玻璃罩内并将其抽成真空,然后将两块冰不停地相互摩擦,几分钟后,冰几乎全部变成了水。

解释:戴维认为冰融化成水是"摩擦引起了物质微粒的振动,这种振动就是热"。

观点 3:焦耳通过热功当量实验,进一步证明了热质说是错误的。热不是一种物质流,而是一种传递的能量,热和机械功之间有确定的关系。

证据:在与外界隔热良好的量热器里装有水,重物下落,带动量热器中的叶片转动,由于摩擦,水温升高。测量重物的质量和下落高度,可以计算出重力所做的功。由水和量热器的质量、比热容、升高的温度,可以计算增加的内能。根据测量得到所做的功和增加的总的内能的比值,就可以计算出热功当量的值,测得热功当量的平均值为 4.2 焦/卡,今天公认的值是 4.184 焦/卡。

从批判性思维的角度,我们可以看出,根据物理现象提出的"假设",在合理解释其他一些物理现象的同时,还要通过实验来对假设进行验证。物理学就是在不断地对假设进行批判性思考的过程中，去伪存真，不断发展完善的。

第三节　"双流说"与"单流说"之争

电磁学的发展，让人类社会发生了天翻地覆的变化。早在公元前六七世纪，古希腊哲学家泰勒斯就已经发现用毛织物摩擦过的琥珀能吸引某些轻小物体。英国的威廉·吉尔伯特首先对电和磁的现象进行了系统的实验研究，并于1600年发表了《磁石论》。他总结了前人对电和磁的研究，记载了大量实验，使电磁学从经验转变为科学。

带电物体会吸引轻小物体，这是"电力"，那么"电力"与地球引力是否相同呢？

观点1："电力"与地球引力不同。

证据：17世纪中叶，盖里克发明摩擦起电机，进行了摩擦起电机实验。通过人的手或者布帛与旋转的大硫黄球摩擦，让硫黄球带电。他的本意是想说明地球引力的起因。带电的硫黄球将周围的羽毛和枯树叶纷纷吸引过来，似乎跟地球吸引物体一样。

但是出现了两个不好解释的现象：

（1）实验中模拟的引力明显比实际地球对羽毛或者枯树叶的引力要大很多。

（2）在硫黄球周围，会出现物体被排斥的现象，羽毛在硫黄球和地板之间上下跳动。

结论："电力"和地球引力各有自己的特点，它们之间不能画等号。

那么从定性的角度，"电力"有什么特点呢？在研究过程中形成了"双流说"和"单流说"之争。

法国物理学家杜菲提出了"双流说"的假说。

观点2：认为存在两种流质，可以通过摩擦的形式把它们分开，使两个物体带异种电而相互吸引，当它们结合时，又彼此中和。

证据：盖里克进行摩擦起电机实验，出现了两个不好解释的现象，尤其是第二个现象,即为什么有的羽毛会被排斥,有的在地面和硫黄球之间上下跳动。

杜菲在实验中发现带电的玻璃和带电的琥珀是相互吸引的,但是两块带电的琥珀或者两块带电的玻璃则是相互排斥的。

结论:杜菲根据大量的实验事实推断出电有两种。一种是与琥珀带的电性质相同,叫作"琥珀电";另一种是与玻璃带的电性质相同,叫作"玻璃电"。为了解释摩擦起电及电的吸引和排斥现象,他提出"双流说"。

富兰克林在建立正电和负电的概念上也做出了卓越的贡献。他提出了电的"单流体"假说,并由此进一步提出电荷守恒原理。"单流体"假说和"电荷守恒"原理的提出,源于为了解释一个实验的现象。

观点 3:认为存在一种"电基质",渗透在所有物体之中,当物体内部电基质密度同外部相同时,物体显电中性,起电过程是电基质的转移。

证据:富兰克林在 1750 年出版的《哲学杂志》上发表的文章提到一个实验现象。A 和 B 两人分别站在绝缘蜡块上,A 用手摩擦 B 拿着的玻璃管,结果两人分别带电,都能在接触地面上的 C 时产生火花。但是,如果 A 和 B 在相互接触的情况下摩擦玻璃管,两人都不会带电。另外,如果以上带电的 A 和 B 直接接触,火花更大,接触后又都不带电了。

解释:电火是一种基质,原来三个物体具有相同的基质(电火),蜡块可以阻碍基质的流动,A 通过擦玻璃管将电火传给了玻璃管。同样,B 接受了玻璃管从 A 得来的电火,基质在传递中有增减量。对于 C 来说,A、B 两人都带电,因为 C 的电量介于 A 与 B 之间,在接触电量多的 B 时接受一个火花,接触电量少的 A 时送出一个火花。如果 A 与 B 直接接触,则火花更为强烈。接触以后电火花恢复原有的等量。如果一边生电,一边接触,则该等量始终不变,电火循环流动。

在这一解释的基础上,"正负电"的初步概念和"电荷守恒"的雏形得以建立。这一理论认为带电的两物体是通过基质的迁移,物体带超过正常情况的基质就带正电,用"＋"号表示,缺少基质的物体就带负电,用"－"号表示。正、负电的提出,为定量研究电现象提供了基础,使人们第一次可以用数学来表示带电现象。

通过大量的后续研究,不断修正完善,现在我们知道,所谓的基质是不存在的,实际迁移的是电子,用基质迁移来解释电现象并不科学。

这个案例告诉我们,探求真理绝不是一蹴而就的,而是在假想中反复论证,不断传承发展而来。我们现在奉为真理的一些认知,也许在不远的将来也会成为被否定的对象,被更先进的理论所取代。

第四节　"微粒说"与"波动说"之争

五彩斑斓的世界离不开光,各种光现象伴随着我们的生活,五颜六色的自然色彩、雨后彩虹、水面倒影、阳光穿过树叶在地面形成的光斑……这些光现象产生的原因是什么? 光的本质是什么,是粒子,是波,是能量? 光是如何运动和传播的?

经历了漫长而曲折的探索过程,人们对光的本质的认识逐渐分为两大阵营:光的微粒说和光的波动说。

观点 1:光是从光源发出的一种物质微粒,在真空或均匀的介质中,以一定的速度沿直线传播。

证据:小孔成像现象。(见图 4-5)

解释:光源发出的光是由大量微粒组成的,这些

图 4-5

微粒按照力学规律沿直线飞行,径直穿过小孔,在光屏上形成倒立的实像。

反驳:17 世纪,意大利科学家格里马第观察到,光通过小孔照射形成的亮斑尺寸,比按照光沿直线传播计算出来的尺寸要大一些。另外,他还观察到光线通过棍棒后的强弱分布没有截然的边界。这些都无法用光的微粒说解释。

证据:光的反射与折射。

解释:笛卡儿、费马等科学家在解释光的反射现象和折射现象时,用球的运动来模拟光微粒的运动,合理地得出了光的反射定律和折射定律。

反驳:当小球运动到两种介质的分界面处时,要么发生反射返回原来的介质,要么发生折射进入另一种

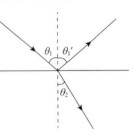

图 4-6

介质,不可能同时发生反射和折射现象,但是当一束光照射到水面时,却可以同时发生光的反射和折射。

光的微粒说可以解释某些光现象,但是显然还存在着不足。类比水波可以穿过障碍物继续向前传播,有些科学家认为光是一种与机械波类似的波。

观点2:光是某种振动形式,并以波的形式向外传播。

证据:惠更斯将光波类比为水波,认为光波在两种介质的分界面处,同时发生反射和折射,并且当两列光波相遇后,可以互不影响地向前继续传播。惠更斯合理地利用光的波动说解释了光的衍射现象。

反驳:机械波的传播需要介质,而光可以在真空中传播,那么光传播的媒介是什么呢?

解释:惠更斯等人认为,光波能够在真空中传播,是因为真空中存在着特殊的物质——以太,光波借助以太粒子将振动形式以球面波的形式传播出去。

反驳:迈克尔逊-莫雷实验结果证明光速在不同惯性系和不同方向上都是相同的,由此否定了以太的存在。

证据:光的干涉现象。托马斯·杨在实验中观察到了光的干涉现象。在实验中,光屏上呈现明暗相间的条纹。(见图4-7)

解释:托马斯·杨认为光是一种纵波,同一束光经过两个路径沿同一方向进入人眼,在光程差为波长整数倍的地方光最强,在干涉区之间的中间带则最弱。亮条纹是两列波的波峰相长干涉形成的,而暗条纹是一列波峰和一列波谷相消干涉形成的。

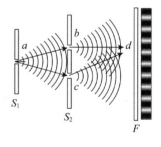

图4-7

反驳:1808年,法国的马吕斯发现了光的偏振现象,当两片偏振片间的角度发生变化时,通过它们的光线亮度会发生变化。若光是一种纵波,无法解释光的偏振现象。

解释:科学家们逐渐领悟到要用横波的概念来解释光的偏振现象。1818年,在法国科学院的悬奖征文活动中,菲涅耳通过严谨的数学计算,利用横波理论定量计算了圆孔、圆板等障碍物所产生的衍射条纹现象,并解释了光的偏振现象。

反驳:评审泊松在运用菲涅耳的理论推导圆板衍射时,得到一个令人惊奇的结果,即在圆板后方的一定距离处互为同心圆的衍射条纹的正中心将会出现亮斑。泊松认为这个结果是荒谬的,并断定菲涅耳的理论已被驳倒。

证据:阿拉果用实验对菲涅耳的理论结果进行验证,结果在影子的正中心果然出现了一个亮斑,后人将这个亮斑戏称为"泊松亮斑"。泊松亮斑的存在有力佐证了光的波动性。

微粒说和波动说各有支持者和相应理论,但都缺乏足够的证据,都无法充分解释当时发现的所有现象。随着理论与技术的发展,人们对光的本质的研究也有了全新的进展。随着人们对电和磁的深入研究,麦克斯韦预言光是一种电磁波,而赫兹通过实验证实了这个假说。因此,光可以在真空中传播,并不需要介质。光的波动说发展为电磁波说。然而,在赫兹进行电磁场实验的过程中,发现当紫外线照射到负电极上时,有负电子产生,光的波动说无法解释这类光电效应。爱因斯坦提出了光量子假说,并由密立根通过实验证实,光的微粒说发展为光子说。

现在,我们知道光具有波粒二象性。在宏观世界中看似矛盾的粒子性与波动性,在微观世界中通过光量子理论的两个基本方程 $E=h\nu$ 和 $p=h/\lambda$ 达到了辩证统一。

科学家们在探究光的本质的过程中,不断质疑、提出新观点、寻找证据、验证观点,正是科学家们不断对彼此的理论进行批判和证实,才推动了光学的发展,使得我们对光的认识越来越深刻。

第五节　"枣糕模型"与"核式结构模型"之争

原子的英文名(atom)是从希腊语转化而来的。很早以前,希腊和印度的哲学家就认为原子不可切分。17—18 世纪,化学家发现对于某些物质,不能通过化学手段将其继续分解。

观点 1:原子是构成物质的最小单位,不可分割。

反驳:1897年,汤姆孙通过实验研究得出结论,阴极射线是由速度很高的带负电的粒子组成的,后来他把这种粒子命名为电子,并判定电子要比原子小得多,而且是原子的组成部分。汤姆孙的阴极射线实验驳斥了原子不可再分的观点。

在发现电子以前,人们对原子的内部状态一无所知,只能把原子看成是一个不可分的整体。只有在发现电子和确证原子可分之后,才有可能真正建立原子结构的模型,探索原子结构的理论,从而对光谱的发射和其他原子现象做出正确的解释。

在汤姆孙发现电子之后,对原子中正、负电荷如何分布的问题,出现了许多见解,其中比较引人注意的是汤姆孙本人提出的一种模型。它出现于1898年,后进一步被完善。

观点2:汤姆孙认为原子中的正电荷均匀分布在整个原子球体内,而电子则镶嵌在其中,这一模型也被称为"葡萄干蛋糕模型"(又称"枣糕模型"),如图4-8所示。

汤姆孙的原子模型在1910年之前是影响最大的一种。他根据开尔文提出的实心带电球的想法,对原子结构进行了长期的研究。他运用经典力学理论,根据电荷之间的平方反比作用力,进行了大量计算,求证电子稳定分布所应处的状态。他假设原子带正电的部分像"流体"一样均匀分布在球形的原子体积内,而负电子则镶嵌在球体的某些固定位置。电子一方面要受正电荷的吸引,另一方面又要自相排斥,因此,必然有一种状态可使电子平衡。他证明这些电子必然组成环。

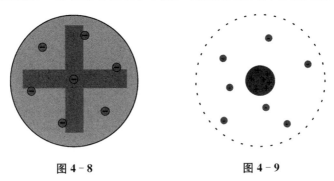

图4-8   图4-9

反驳:卢瑟福的助手盖革和学生马斯登在用 α 粒子轰击原子的实验中,发现

有少数 α 粒子(约占八千分之一)发生了大角度偏转,极少数偏转的角度甚至大于 90°,也就是说它们几乎被"撞"了回来。对于这样的实验事实,卢瑟福感到很惊奇,他说"就像一枚 15 英寸的炮弹打在一张纸上又被反射回来一样",简直不可思议。而汤姆孙的原子模型无法很好地解释这种现象。

观点 3:卢瑟福尊重实验事实,经过严谨的理论推理之后,于 1911 年提出了"核式结构模型",也叫"行星模型",如图 4 - 9 所示。

实际上早在此前,林纳在研究阴极射线被物质吸收的实验里就发现"原子是十分空虚的"。在此实验基础上,长冈半太郎提出原子的土星模型,认为原子内的正电荷集中于中心,电子均匀地分布在绕正电球旋转的圆环上,但他没有深入研究下去。而卢瑟福抓住了 α 粒子反弹这一关键证据,提出了新的原子结构模型。这体现出卢瑟福的思维对潜在问题保持着警觉,具有很强的分析性。

反驳:α 粒子散射实验无法用汤姆孙的实心带电球原子模型和散射理论解释,但是汤姆孙后来提出了多次散射理论来解释 α 粒子散射实验结果——也就是说 α 粒子是在金箔内多次碰撞之后反弹回去的。

解释:卢瑟福经过系统研究,发现多次散射理论只能定性地说明这一反常现象,而多次散射的概率小到微不足道,与八千分之一的结果相差太远了,所以多次散射理论不足以解释实验结果。

为了解释 α 粒子反弹这个现象,卢瑟福苦思冥想了几个星期,终于在 1910 年底,经过数学推算证明:只有假设正电球的直径远小于原子球的直径,α 粒子穿越单个原子时,才有可能产生大角度散射。卢瑟福能够有序地、勤奋地处理复杂问题,他的思维具有系统性的倾向。将 α 粒子散射实验的结果作为证据来评估汤姆孙的模型,可以发现如果原子中的正电荷均匀分布,α 粒子根本不可能产生大角度偏转,如图 4 - 10 所示。大多数 α 粒子穿过了金箔,方向没有大的改变,极小部分 α 粒子撞击金箔产生大角度偏转,说明原子的质量集中在一个很小的空间内,而原子内部大部分是空的,如图 4 - 11 所示。由此建立核式结构模型。

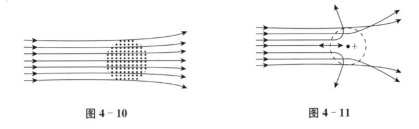

图 4－10　　　　　　　　　　图 4－11

这就像我们想要知道一个礼盒中的礼物是什么而不打开盒子。我们可以拿起盒子并摇晃它,以对它的重量和内容有一些感知。另一种更具破坏性的测试方法是拿一把枪对着礼盒开火,并观察子弹射出后发生的事情,如图 4－12 所示。这也是一个散射实验,类似于卢瑟福及其助手们所做的实验。

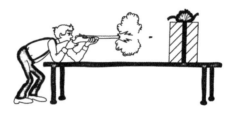

图 4－12

如果确定整个礼盒并不重,我们就会感到惊奇,为什么有些子弹(虽然极少)会冲着我们反射回来。在礼盒中的某个地方,必定有一个小而密度很高的物体,它有足够的质量,能够使一颗快速运动的子弹的运动方向反转。由于礼盒不重而且许多子弹直接穿过去,产生大角度散射的物体必定很小。装在轻而结实的包装材料中的小钢球就可能导致这种情况发生。

同样地,如果大多数 α 粒子直接穿过去,但是有少数以大角度散射,那么在原子中的某处一定有一些非常致密但很小的中心,它们有足够大的质量,足以反转 α 粒子的运动方向。为了解释散射实验的定量结果,卢瑟福不得不假设这些大质量的中心尺寸很小。那时已知原子的直径约为 10^{-10} m。为了解释散射实验数据,原子内部质量集中的小中心的直径须是原子直径的十万分之一。

卢瑟福在探索原子核式结构的过程中,始终追求忠实性和客观性,坚持追求真理。一方面汤姆孙是卢瑟福的老师,另一方面卢瑟福模型不为当时物理学界所认可,一些著名物理学家包括普朗克、爱因斯坦、居里夫人等都对这个模型"无动于衷"。面对如此困境,卢瑟福仍然于1911年在伦敦出版的《哲学杂志》上宣布了他的原子模型。

反驳:绕核旋转的电子具有加速度,按照麦克斯韦的电磁理论,任何带电粒子在做加速运动的过程中都要以发射电磁波的方式放出能量,这样,电子就不能永远绕着原子核转下去。因为电子不断向外发射电磁波而失去能量,以致绕转的轨道半径越来越小,电子向着核做螺旋形的运动,最后在非常短的时间内(10^{-9} s 的数量级)落到原子核上,从而使正负电荷中和,原子全部崩溃(称为"原子坍缩")。然而,在现实世界中,谁也没见到这类事情发生,非但原子没有崩溃,连丝毫变化都未曾有过,几百年前的黄金到今天还是黄金,这就证明原子是相当稳定的——但行星模型却无法解释这一事实。

玻尔参加了 α 射线散射的实验工作,帮助同事们整理数据和撰写论文。他很钦佩卢瑟福的工作,坚信有核原子模型符合客观事实。他也很了解卢瑟福的核式结构模型理论所面临的困难,认为要解决原子的稳定性问题,唯有靠量子假说。也就是说,要描述原子现象,就必须对经典概念进行一番彻底的改造。1913年玻尔原子模型的发表,解决了行星模型中的一些困难,解释了氢光谱的波长,开启了一个令人振奋的探索时期。

观点 4:玻尔大胆假设有一些稳定的轨道,这些轨道不像经典物理学预料的那样发射电磁波(假设电磁学定律在原子内部并不适用)。玻尔建议把这个稳定的状态作为一种定态。然后,他继续进行假设,定态只允许对应一些特定的能量值。也就是说,原子内的能量值是量子化的。他认为电子从一条稳定轨道跳到另一条稳定轨道时,有光从原子发射出来(见

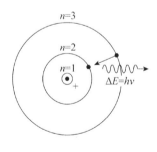

图 4-13

图4-13)。普朗克和爱因斯坦给出的一个光量子或光子的能量是 $h\nu$,而发射的光子的能量等于两条稳定轨道上的能量之差,用符号表示为:

$$\Delta E = E_{初} - E_{末} = h\nu$$

关系式中,$E_{初}$ 是电子在初态轨道上的能量,$E_{末}$ 是电子在末态轨道上的能

量。可以用两者的能量差来计算发射光子的频率或波长,这就解释了氢原子的特征光谱。

解释:原子里量子化的能量可以比作是楼梯的台阶。要上楼梯,你必须从一级台阶登上另一级台阶,而不可能停留在两级台阶之间的半空中。与楼梯的台阶相似,原子有量子化的能量,其中的每一个能量值叫作一个能级。就像你不能停留在两级台阶之间的某一位置一样,一个原子的能量不可能具有处于能级之间的数值。中心为原子核、核外带有轨道电子的具有特定量子化能级的原子模型,就是著名的玻尔原子模型。玻尔用他的理论计算了氢原子发射的光的波长,其计算结果正好与其他科学家的测量数据相吻合。因此,玻尔的原子模型得到了广泛的认可。

反驳:玻尔的原子模型只适用于氢元素,却不能预测简单的元素氦的光谱。另外,它没有很好地说明为什么电磁学定律在其他地方都能适用,而在原子内部却是例外的原因,甚至连玻尔本人也认为他的模型是一个有待进一步完善的原子结构理论。

然而,尽管有着这些缺点,玻尔的原子模型在利用氢原子的能级解释光的吸收和发射波长方面,还是取得了令人瞩目的成功。玻尔的原子模型中还存在的问题引发了热烈的讨论,将许多年轻物理学家吸引到原子物理学领域。显然,需要有一个更完备的原子模型来解释为什么只有某些轨道是稳定的,这导致了描述微观粒子运动的基本理论——量子力学的发展。

第五章　如何挖掘中学物理
教学中的批判性思维

在中学物理课堂教学中,通过对概念、规律、物理方法、物理模型、物理实验的思维活动路径的研究,挖掘批判性思维的要素,为教师培育学生的批判性思维提供实践路径。

第一节　挖掘物理概念教学中的批判性思维

一、概念学习的认知过程

1. 物理概念

物理概念是物理现象和物理过程的共同属性和本质特征在人们头脑中的反映。因此,概念的形成是基于物理事实的基础上形成的。

2. 概念形成过程的认知路径

概念形成的一种认知路径:首先经历大量的观察、实验,形成感性认识,然后经历思维的加工,进而形成概念。其中思维的加工是指比较、分类、分析、抽象、概括等认知过程,还要通过应用经历深化和拓展认知过程。

比如表5-1就是弹力概念的形成过程。对这一现象的观察,经历比较、分类、分析,摒弃船的材质、颜色、弹簧的粗细、人的形状等非本质因素,抽象、概括出:当物体发生弹性形变时,它对与它接触的使其发生弹性形变的物体产生力的作用,从而形成弹力的概念。

表 5 - 1 弹力概念的形成过程

数量	情境	结果	条件
1		人用力撑竹竿→河岸受到竹竿施加的力	河岸与竹竿接触,竹竿弯曲,要恢复原状
2		向右拉弹簧→手受到向左的拉力 F	弹簧与手接触,弹簧向右伸长,要收缩恢复原状
3		人在撑竿跳的过程中→人受到竿的力	人与竿接触,竿弯曲,要恢复原状
	······	······	······

概念形成的另一种路径:用比值法定义物理量来反映物质或运动的某种属性,从而形成对某种物质或某种运动的认识,进而形成概念。如用物体的质量和物体体积的比值来反映物体单位体积所含物质的多少,就是用比值法来反映物质的属性。速度、加速度、压强、电场强度等概念都是用比值法定义的物理概念。

概念形成的第三种路径:在建立概念的过程中,将研究的对象或过程进行理想化的处理,通过科学的抽象来形成概念。比如"质点"概念的建立,忽略物体的形状和大小等因素,把物体抽象成一个有质量的点,来研究物体的运动。还有理想气体、匀速运动等概念都是通过抓住主要因素、忽略次要因素来形成概念的。

二、概念形成过程中的批判性思维要素

概念形成过程中的批判性思维的要素可以通过以下路径来挖掘。

1. 从情境的引入中挖掘

由于概念的形成是建立在大量的物理现象、物理实验的基础上的,这些实例里面蕴含着批判性思维的要素。

比如，上述通过三个物理现象形成弹力的概念，显然是不能令人信服的，还要列举更多的物理现象来说明两个物体之间存在弹力，比如对于不容易观察到的形变，是否也存在弹力。另外，接触的物体之间一定存在弹力吗？由于列举的现象有限，可以引导学生提出批判性的质疑。

2. 从容易混淆的概念之间挖掘

从批判性思维的角度来看，首先要学会辨别不同的概念，在辨别概念之间的差异性中蕴含着批判性思维的要素。

比如，在形成速度概念的过程中，为什么不能用位移的大小或时间的长短来描述物体运动的快慢？这就涉及速度、位移、时间这些概念间的差异。再比如，有了力的作用就能够使物体产生效果，为什么还要引入压强这个物理量呢？因此，在易混淆的概念中能够找到批判性思维的要素。

3. 从学生的前概念中挖掘

学生的头脑不是空白的。在新概念建立之前，学生头脑里已经有了对某一概念的前认知，但是这种认识与概念本身的含义有一定差距，甚至是错误的。

比如，学生无意中会做出"我打别人一拳，我用的力一定比别人的身体反作用于我的力大"这种判断。再比如，我们生活在有光的世界里，就会对光有一定的认识，如果问什么是光，人们凭借感觉会有不同的答案，但人们的认识与科学的概念之间会有一定差距。因此我们可以对学生所形成的前概念提出疑问，挖掘批判性思维的要素。

4. 从用比值法形成概念的过程中挖掘

运用比值法形成概念的时候，学生会因为对数学公式的不同理解而产生困惑，从而产生怀疑。

比如，在电场强度概念的教学过程中，学生会提出："为什么'在电场中某点的场强的大小与电场力的大小成正比，与电荷量成反比'这句话是错误的？""那为什么比值能够反映电场的某种属性？""现在用 F/q 表示场强的大小，能否用 q/F 表示场强的大小？"这些都可以作为批判性思维的要素来进行挖掘。

第二节 挖掘物理规律教学中的批判性思维

一、规律学习的认知过程

1. 物理规律

中学物理中的规律包含原理、定理、定律、定则,是基于反复实验或观察的陈述,描述或预测了一系列自然现象。物理规律是根据数据获得的,可以通过数学推演进一步发展。在所有情况下,它们都是直接或间接基于经验证据的。物理规律反映了对现实至关重要的因果关系,并且是发现而不是发明的。

物理规律通常是在一定的应用范围内总结实验或观察的结果。通常,当研究出有关现象的新理论时,规律的准确性不会改变,而是其适用范围发生改变,因为代表规律的数学或陈述不会改变。与其他类型的科学知识一样,规律没有绝对的确定性(与数学定理或恒等式不同),并且这些规律将来可能会被驳斥、限制或扩展。

2. 物理规律形成的认知路径

在教学过程中使学生掌握物理规律,一般来说,必须从感觉和经验开始,即生动的、直观的材料是掌握规律的起点。教师需要选择适当的演示实验和事例,使学生获得必要的感性认识,奠定规律形成的认知基础。但是,这种认识反映的只是事物的表面联系。要揭示事物的本质,必须引导学生经过正确的科学抽象,上升到理性的认识,这是形成对规律认知的关键。由感性认识上升到理性认识,认识运动并没有完结,还需要回到实践中去才能得到检验和发展,所以还要让学生运用知识去分析和解决实际问题,以加强对规律的理解。

二、规律教学中的批判性思维要素

1. 从情境的创设中挖掘批判性思维的要素

由于物理规律是建立在大量物理现象、物理实验的基础上得到的,这些实例里面蕴含着很多批判性思维的要素。特别是一些矛盾情境的创设,有利于激发学生的好奇心、求知欲,有利于培养学生寻求真理的倾向,在破解矛盾的过程中有利于培养学生的批判性思维技能。比如,根据日常经验,即便是力气很大的人,仅靠双手也很难拉断细钢丝,但是我们却可以通过简单的装置,只用一根手指头就可以拉断钢丝。这样的情境就与学生的日常经验有些冲突,能够激发学生的好奇心和求知欲,去探索情境背后的原理、真相。

如图 5-1 所示,将一根长约 30 cm 的细钢丝的两端分别用羊眼螺栓固定在两个相同的小木块 A、B 上,取两根长约 16 cm 的硬木条,在 O 点用铰链连接起来。将两木块分开,拉直钢丝,放在比较光滑的水平面上,然后将两硬木条的自由端分别卡在两木块的凹槽内,用大拇指在铰链 O 处稍微用力下按,细钢丝就会被拉断。根据力的分解与合成的“平行四边形定则”,在合力一定时,二分力夹角越大,两个分力就越大。在上述实验中,钢丝长 30 cm,而两根木条总长才 32 cm,计算可知,如果用手指以 30 N 的力在 O 点下压木条,每根木条作用在木块上的力就有约 80 N,细钢丝就会被拉断。

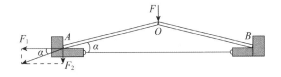

图 5-1

2. 从规律的探究中挖掘批判性思维的要素

科学思维和科学探究是物理学科核心素养之一。在课堂教学中,物理规律的得出一般是通过理论推演或者实验探究。这意味着必须对探究过程中涉及的证据和论证逻辑进行审视与反思,评判证据是否充分、逻辑是否合理,这些都属于批判性思维的要素。

以牛顿第三定律为例,除了采用弹簧测力计、DIS 实验装置进行探究之外,也可以进行逻辑思维层面的探索。

如图 5-2 所示,物体 A 静止在光滑水平面上,A 对地面的压力肯定垂直于地面向下,如果地面对 A 的反作用力不沿相反方向(假设作用力与反作用力方向相反但不在同一直线

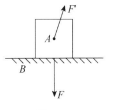

图 5-2

上),就会得出结论:物体无法保持静止,会动起来。这就导致矛盾,因为给定的

条件是物体静止在水平面上。问题出在假设错了，也就是说作用力和反作用力应该方向相反且作用在同一直线上。

再比如，物体 A 对地面的压力从性质上来说是一种电磁力，假设反作用力的性质和作用力不同，那只能是引力、弱力、强力，而弱力和强力是短程力，就只剩下引力了。于是，推导出地面对物体的反作用力是向上的引力，但这是错误的，原因在于假设错了，因此作用力和反作用力应该性质相同。

3. 从规律的应用中挖掘批判性思维的要素

应用物理规律来分析和解决实际生产、生活中的物理问题，既是物理学习的基本要求，也是学习的目的。在物理规律的应用中挖掘批判性思维的要素，主要是基于物理规律，落实批判性思维的技能，如解释、评估等。从批判性思维解释技能的角度来说明为什么这样的生活、科技等实例中蕴含着这个规律，也可以从批判性思维评估技能的角度来判断某些观点的证据是否合理。

应用牛顿第三定律的例子如图 5-3 所示，学生如果能够解释、评估腔口制退器的设计和工作原理，就是一种批判性思维的锻炼。制退器是在枪管或炮管前段加了个套筒，套筒里面分有小室，叫制退腔。当弹丸出腔后，高压气体随之涌出枪口，会造成我们所说的后坐力，但是加了制退器之后，气体进入制退腔，一方面冲击制退腔前部以降低向后的冲击，另一方面通过制退器的开孔溢出从而减少火药燃气经中央孔道向前喷出的质量及速度，降低火药燃气对枪身后坐的加速作用。一般情况下开孔向后，这就再次减少了后坐力，从而达到降低枪炮后坐力的效果。后坐力的产生涉及牛顿第三定律，后坐力的消减同样可以利用牛顿第三定律。

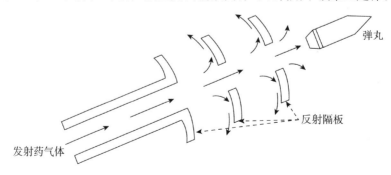

图 5-3

第三节　挖掘物理方法教学中的批判性思维

一、方法学习的认知过程

1. 物理方法

物理方法是研究与描述物理现象、建立与定义物理概念、设计与实施物理实验、总结与检验物理规律时所应用的各种手段与方法。[①] 常见的物理方法有观察法、(理想)实验法、极限法、等效替代法、类比法、归纳法、假设法、比值定义法、图像法、整体法、隔离法、控制变量法、建立模型法等。通俗地说,物理方法就是物理学习者认知的方法,也就是揭示物理学家是怎么"做研究"的。

2. 物理方法形成的认知路径

张宪魁教授认为物理方法的认知路径可以从以下角度来认识。一是对于同一事物来说,在事物的转折或者过渡处,存在物理方法,比如从速度过渡到平均速度,再过渡到瞬时速度,就蕴含着极限法。二是不同事物之间建立联系或者发生关系时,比如在探究物体的加速度与质量及和外力的关系时,就需要采用控制变量的方法进行研究。综上所述,我们发现,在物理方法的形成过程中,需要经历比较、分析、评估、推理、解释等认知过程,还要经历物理方法的应用和反思。

以图像法为例,如假设蚂蚁离开巢沿直线爬行,它的速度与它到蚁巢中心的距离成反比,当蚂蚁爬到距蚁巢中心 $L_1 = 1$ m 的 A 点处时,速度是 $v_1 = 2$ cm/s。试问蚂蚁从 A 点爬到距巢中心 $L_2 = 2$ m 的 B 点所需的时间为多少? 学生审题后首先要对该题是否要用到图像法进行侦察论证——是只能用图像法求解还是用图像法求解比公式计算简单? 在没有学习过微积分的情况下,学生只能选择图像法。然后要对图像法进行论证,根据已知条件推测可能建立的各种图像($v-t$ 图、$s-t$ 图、$v-1/s$ 图、$v-s$ 图、$1/v-s$ 图等)。之后根据图像的斜率、截距、面积等表示的物理意义对各种可能建立的图像进行分析比较,选择出合理的

---

① 张宪魁.物理科学方法教育[M].青岛:中国海洋大学出版社,2015.

图像。最后运用已知条件和相关物理规律进行推理,得出结论。不少学生会想到建立 $v\text{-}1/s$ 图像,认为面积表示时间的倒数,根据条件和要求算出对应的面积再求其倒数。面对这样的想法,需要继续批判性思考,对面积是否表示时间的倒数进行可靠性评估,并对此过程的逻辑性进行自我检查。根据微元法,面积表示时间的倒数,但是总时间的倒数并不等于各小段时间之和的倒数。再根据自我检查的结果进行自我修正,选择合理图像 $1/v\text{-}s$ 图进行解题,面积表示时间,蚂蚁从 L_1 到 L_2 所用的时间就是图像阴影部分的总面积。

二、方法教学中的批判性思维要素

1. 从等效替代法中挖掘批判性思维的要素

等效替代法是物理学研究的一种重要方法,是一种把复杂物理现象、物理过程简单化处理的方法。在替代的过程中要先分析替代对象和被替代对象,明确等效的条件、范围等,从研究对象、物理模型、物理状态、物理过程、物理作用等因素对其是否满足"等效"的先要条件进行侦察论证,对替代之后的对象进行准确阐释。这些都蕴含着批判性思维要素。

比如,在电路中求解可变电阻(如滑动变阻器)的最大功率时(见图 5-4、图 5-5),为了简化电路,我们经常会采用等效电源的方法,把虚线框内部分看作一个新的电源。为什么选择把虚线框内部分看作等效电源,怎么理解"等效"?为什么图 5-4 中的等效电源电动势与电池的电动势相等,而图 5-5 中的等效电源的电动势却不等于电池的电动势?等效电源的内阻如何计算?这些都可以作为批判性思维要素进行挖掘。

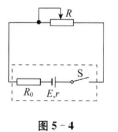

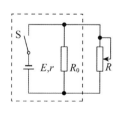

图 5-4　　　　　　　　　图 5-5

2. 从整体法中挖掘批判性思维的要素

整体法是对物理问题的整个系统或过程进行研究的方法,前者一般不需要考虑物体内部之间的作用力,后者所求的物理量往往只涉及整个物理过程。利用整体法解题时首先要阐释清楚整体(全过程)和个体(分过程)、外力和内力、状态量和过程量的含义,分析整体(全过程)和个体(分过程)的关系,论证是否满足整体法的条件。这些都是批判性思维要素的体现。

比如,要将两个物体看作一个整体,为什么要求两个物体的运动状态是一样的? 运动状态不一样的两个物体不能看作一个整体吗? 为什么整体法可以不考虑内力?"不考虑内力"的意思是内力的所有影响都没有吗? 再比如,物体先向上做末速度为零的匀减速运动,再向下做初速度为零的匀加速度运动,我们可以把这两个运动过程看作一个初速度向上的匀变速直线运动。那么是不是类似这种一条直线上先减速后加速的往返运动都可以看作一个匀变速运动? 为什么竖直上抛运动中向下的匀加速运动可以看作向上匀减速运动的延续? 给物体一个沿斜面向上的初速度,让物体沿斜面自由上滑后再沿斜面滑下(见图 5-6、图 5-7),这个模型中斜面光滑或者粗糙有没有区别? 物体在斜面上的运动都能看作匀变速运动吗? 在整体法的使用过程中都能提出批判性质疑。

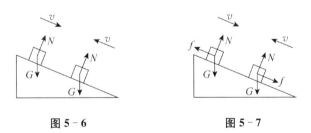

图 5-6　　　　　　　　　　　图 5-7

3. 从极限法中挖掘批判性思维的要素

极限法是指将物理现象或物理过程形成、变化的一般条件推向极端,在极大、极小或临界状况下进行讨论、推理或判断的一种方法。极限法需要破解变化条件的内涵,明确变化的范围,澄清临界状态的意义,从已知条件中搜集信息,根据相关物理规律进行推理,这就是批判性思维的过程。

例如,在电路中经常会遇到通过调节滑动变阻器判断灯泡亮暗变化、电压表或电流读数变化的问题(见图5-8),学生经常会先分析滑动变阻器阻值为零和最大值(或者滑片在滑动变阻器两端)两种状态。滑动变阻器在模型中属于什么接法?滑片在什么位置阻值最小,在什么位置阻值最大?所判断的物理量与滑动变阻器阻值的变化是单调函

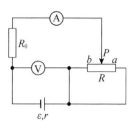

图 5 - 8

数的关系吗?极限法在此模型中一定适用吗?我们可以利用这些质疑挖掘批判性思维要素。

4. 从假设法中挖掘批判性思维的要素

假设法是先假定某些条件,再进行推理。若结果与题设现象一致,则假设成立;反之,则假设不成立。求解物理试题常用的假设有假设物理情境、假设物理过程、假设物理量等。假设法需要评估论证物理量(或情境、过程)之间的关联性,寻求支撑这个关系的物理依据,提出假设,并评估论证的逻辑性,推出符合逻辑的结论。

以热学中的水银柱移动问题为例。一根两端封闭、内径均匀的直玻璃管,有一小段水银柱将管内温度相同的空气分为上下两部分,现将该直玻璃管竖直插入足够深的热水槽中,判断水银柱的移动方向。求解这类题目中为什么要用假设法?是否还有更简便的方法?应该假设哪个物理量不变?这样假设的好处是什么?如何确定假设是否成立?如果不是由于温度变化而是由于加速运动引起的水银柱移动问题,假设法还能适用吗?这些都可以作为批判性思维要素进行挖掘。

第四节 挖掘物理模型教学中的批判性思维

一、模型学习的认知过程

1. 物理模型

模型是理论知识的一种初级形式。在理论研究时,常常利用抽象、理想化、

简化和类比等方法,把反映研究对象的本质特征抽象出来,构成一个概念或实物的体系,即形成模型。在高中物理课堂教学中,遇到的物理模型大致有三类,具体包括对象模型、条件模型和过程模型。

对象模型用于对研究对象进行理想化处理,如质点、理想气体、单摆、弹簧振子、点电荷、轻杆等;条件模型用于对研究条件进行理想化处理,如不考虑电池的内阻,不计重力作用,绳子不可伸长、不计质量,表面光滑等;过程模型用于将物理研究过程进行简化,如匀变速直线运动、自由落体运动、简谐运动、等温变化、等容变化、等压变化等。

2. 物理模型的形成过程的路径

物理模型的形成过程大致可以通过这样两条路径:

(1)抓住主要因素,简化事物原型,建立对象模型

物理模型是一种理想化的形态,它最明显的特点是对原型进行简化,即摒弃各种次要因素的影响,突出了决定事物状态、影响事物发展变化的本质联系。例如,研究地球绕太阳公转的运动,由于地球与太阳的平均距离比地球的半径大得多,地球上各点相对太阳的运动可以视为相同,因此可以忽略地球的形状、大小,把地球简化为一个质点来处理,从而较方便地找出地球绕太阳公转时的一些规律。

(2)通过类比和想象,合理建立过程模型

在解决一个实际问题时,首先确定研究对象和研究的物理过程,然后分析物体的受力情况,根据物体的受力特点进行类比和想象,合理建立过程模型。比如,我们研究光滑凹槽上小球的小幅运动,其受力特点跟单摆运动时摆球的受力情况相似。由此,将小球的运动等效成一个单摆简谐运动的过程模型来处理。

二、物理模型中的批判性思维要素

1. 在建立物理模型的过程中挖掘批判性思维的要素

在物理模型的建立中,首先确立研究对象,分析其在运动过程中的受力情况,将具体的实际过程抽象成一个合理的过程模型,然后运用相关的物理原理来分析解答,从而得出结论。思维的一般程序:选择研究对象—正确受力分析—联

想运动过程—建立过程模型—运用物理原理—解决问题—得出结论。

【案例1】如图5-9所示，一个质量为 m 的小物块（可视为质点），系在一根伸直的轻绳一端，绳的另一端固定在粗糙程度均匀的水平面上，绳长为 r。给物块一个沿垂直轻绳方向的初速度 v_0，物块将在该水平面上以绳长为半径做

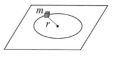

图5-9

圆周运动，运动一周时，其速率为 $v_0/2$，则轻绳的拉力大小随物块转过的角度_____减小（选填"不""均匀"或"不均匀"），物块运动一周所用的时间为_____。

此题为一道力学综合试题，解决此题的关键是物理过程模型的建立。在教学的过程中，笔者设计了如下几个问题，让学生来表达观点，寻找证据，进行批判性思考。

问题1：小物块的运动是不是匀速圆周运动？

观点：不是匀速圆周运动。

论据：物体做匀速圆周运动时，合外力提供向心力。小物块在水平面内受到轻绳的拉力及沿圆弧切线方向的滑动摩擦力，两者的合力并不指向圆心。

问题2：小物块运动过程中，其线速度的大小随时间怎样变化？

观点：线速度在不断地减小，而且随时间均匀地减小。

论据：因为物体在运动过程中始终存在着一个切向的加速度，加速度大小等于滑动摩擦力除以质量，方向始终跟线速度的方向相反，所以其线速度的大小随时间均匀地减小。

问题3：如果将小物体的运动轨迹展开，其运动特点符合什么运动规律？

观点：在运动轨迹上符合匀变速直线运动的规律。

论据：匀变速直线运动的特点就是加速度不变的运动，如果将物体的运动轨迹展开，其加速度方向始终与其运动方向相反，且加速度大小不变，符合匀减速直线运动的特点。

问题4：小物块运动的向心力是由什么力提供的？

观点：轻绳的拉力。

论据：在水平方向上，指向圆心的力只有轻绳的拉力，任意时刻拉力与速度

方向垂直,不改变速度的大小,只改变其运动的方向。

　　经过这样四个问题的分析与讨论,学生将此物体的运动过程抽象为一个匀减速直线运动的模型,然后将运动学和动力学知识结合,最终解决问题、得出结论。

　　解析:小物块在运动过程中所受滑动摩擦力时刻与小物块运动的线速度方向相反。如果将小物块的运动轨迹展开,其在运动轨迹上就是一个匀减速直线运动的物理模型。

根据　　　　　　　　$2(-a)s=v_t^2-v_0^2,s=\theta r$

分析得出　　　　　　$v_t^2=v_0^2-2as=v_0^2-2a(\theta r)$　　　　　①

轻绳对小物块的拉力:　　　$F=m\dfrac{v_t^2}{r}$　　　　　②

　　由①②式可知:轻绳的拉力大小随物块转过的角度是均匀减小的。

　　在运动轨迹上是一个匀减速运动。由此,运动一周的时间为:

$$t=\frac{s}{v}=\frac{2\pi r}{\left(\dfrac{v_0+\dfrac{v_0}{2}}{2}\right)}=\frac{8\pi r}{3v_0}$$

　　在运动轨迹上,小物块的运动过程其实是一个匀减速直线运动的模型。如何建立过程模型?深入分析物体在运动过程中的受力特征是至关重要的。

　　2. 在类比物理模型的过程中挖掘批判性思维的要素

　　类比就是经过观察分析,明确某些事物在某些方面具有相似之处,可以根据已有的知识对它们的某些性质进行相似的推论。类比可以帮助学生利用较为熟悉的物体的性质,去理解那些并不是很熟悉的物体的性质,以完成对问题的理解。类比模型时,思维的一般程序:运动过程的分析—联想典型模型—找到运动和力中的"类比"—运用物理原理—解决问题—得出结论。

　　【案例2】在光滑水平面上的 O 点系一长为 L 的绝缘细线,线的一端系一质量为 m、带电量为 +q 的小球(见图5-10)。当沿细线方向加上场强为 E 的匀强电场后,小球处于平衡状态。现

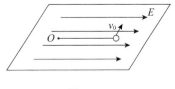

图5-10

给小球一垂直于细线的初速度 v_0,使小球在水平面上开始运动。若 v_0 很小,则小球第一次回到平衡位置所需时间为_____。以初位置为零电势能点,小球在运动过程中获得的最大的电势能为_____。

此题是一道电学题,小球的运动可以类比为一个单摆的运动。怎样让学生类比到单摆模型呢?在教学的过程中,笔者设计了如下几个问题,让学生找到运动和力中的"类比"。

问题 1:小球(见图 5 - 11)获得一个垂直于细线的初速度之后,若 v_0 很小,小球的运动轨迹是怎样的?

观点:小球的运动轨迹是一段小圆弧。

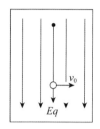

图 5 - 11

论据:在水平面内,小球受细线拉力和水平向右的电场力,因 v_0 很小,细线又拉着小球运动,所以小球的运动轨迹是一段小圆弧。

问题 2:小球的运动跟力学中的哪个典型运动模型相似?

观点:单摆简谐运动模型。

论据:将空间水平面转化为空间竖直平面,电场力类比于重力,给小球一个很小的垂直于细线的初速度 v_0,意思是小球摆动的幅度很小,摆角小于等于 $5°$,小球做简谐运动。

问题 3:小球第一次回到平衡位置的时间是其周期的几倍?

观点:小球第一次回到平衡位置的时间是其周期的 $1/2$。

论据:小球从平衡位置开始向右运动,再一次经过平衡位置且向右运动,此过程称为一次全振动,经历的时间为一个周期。而现在小球从平衡位置出发到第一次回到平衡位置时,小球的运动方向是水平向左的,该过程经历了半次全振动,所以时间为周期的 $1/2$。

问题 4:从能量转化角度分析,小球在运动中其能量有何特点?

观点:动能和电势能之和守恒。

论据:电势能的改变用电场力做功来度量,离开平衡位置,电场力做负功,动能减小,电势能增加,动能减小的量和电势能增加的量是相等的,所以动能和电势能之和守恒。

经过以上四个问题的分析与讨论,学生在模型的类比中发现小球的运动形式是一个单摆简谐运动模型,据此结合单摆的周期公式来求时间。从能量转化角度分析,其运动过程中又类似于"机械能守恒"问题,进而又可以求得最大的电势能。

解析:小球的运动过程类比为单摆做简谐运动,$Eq = mg' \Rightarrow g' = \dfrac{Eq}{m}$。

根据单摆的周期公式:$T = 2\pi\sqrt{\dfrac{L}{g}}$,可知,周期为 $T = 2\pi\sqrt{\dfrac{mL}{Eq}}$。

小球第一次回到平衡位置的时间:$t = \pi\sqrt{\dfrac{mL}{Eq}}$。

小球摆动的过程中,动能减小,转化为电势能,所以小球获得的最大的电势能为 $\dfrac{1}{2}mv_0^2$。

本试题是以电场为背景来分析物体的运动,其本质跟重力场中的单摆简谐运动是相似的。分析此题的关键是要学会将空间变换,找到运动和力中的"类比",即电场力类比于"重力",电势能类比于"重力势能",机械能守恒类比于"动能和电势能之和守恒"。

批判性思维离不开问题、分析、论据、结论、观点与评价等要素。在平时的教学过程中,培养学生的问题意识,引领学生表达观点、寻找证据,在批判与质疑中解决问题,很好地培养了学生的思维,发展了学生的能力。

第五节　挖掘物理实验教学中的批判性思维

实验在物理学的发展过程中具有重要作用。物理学基于观察与实验,建构物理模型,应用数学等工具,通过科学推理和论证,形成系统的研究方法和理论体系。实验不仅对物理学发展至关重要,也对学生核心素养养成和批判性思维的培育有着非常重要的教育价值。

一、物理实验的认知过程

根据不同的分类标准,物理实验可以分为演示实验和学生实验,也可以分为验证性实验和探究性实验,或者分为课内实验和课外实验。本书讨论的物理实验主要是指学生在课内进行的验证性实验和探究性实验。

1. 验证性实验的认知过程

一般情况下,由教师介绍实验原理、器材、步骤,通过师生对话促进学生理解,接着学生实施实验,然后搜集数据并分析,最终得出结论。

理解实验原理 → 准备实验器材 → 理解实验步骤 → 实施实验采集数据 → 分析数据得出结论

图 5 - 12

2. 探究性实验的认知过程

问题可以由教师提出,也可以由学生提出。在探究性实验中,教师更多的是支持者的角色,学生设计实验、选择器材、完成实验,当学生遇到困难时,教师提供一些脚手架供学生继续思考。

提出实验问题 → 设计实验方案 → 选择实验器材 → 实施实验采集数据 → 分析数据得出结论

图 5 - 13

两类实验都包含理解实验原理、设计步骤、实验操作、数据分析、得出结论等几个环节,不同的是师生的角色。无论哪一类实验,在这几个环节都可以进行批判性思维的培育。

二、物理实验中批判性思维的培育

1. 实验原理理解中的批判性思维培育

实验基本原理是实验设计所依据的理论根据,是指建立在大量观察、科学实验和社会实践的基础上,经分析、推理、归纳、概括而得到的事物的存在和运动规律。

对于一个实验,学生首先应该领会该实验所依据的基本原理,教师要引导学生批判性地去思考实验原理,而不是简单地告诉学生原理是什么。比如,在"用DIS测定位移和速度"的实验中,光电门传感器直接测量的是挡光时间,用光电门的宽度除以挡光时间得到的是挡光时间内挡光片的平均速度,那为什么我们说测量得到的是瞬时速度?

其实,这一过程中蕴含着"无限逼近"的思想,只有当挡光时间非常短时,测得的平均速度才可以作为瞬时速度。又比如,在"用 DIS 描绘等势线"的实验中,明明实验器材构成的是一个电路,为什么我们说测量了一对等量异种电荷的等势线? 其实该实验是用电流场去模拟了静电场。那为什么可以这样模拟? 这个模拟有没有什么局限性?

如果学生不会提出这些问题,不尝试去回答这些问题,那么他还不是一个具备批判性思维的人。再比如,在"用 DIS 研究加速度与力的关系"的实验中,用钩码的重力作为小车受到的合外力这一点是否合理? 或者在什么情况下是合理的? 学生刚开始进行物理学习时可能还不具备能力提出这样的问题,此时可以由教师提出问题,让学生思考回答,将批判质疑的种子根植在学生心中,慢慢地就会生根发芽。

2. 实验器材选择中的批判性思维培育

做实验离不开器材,教学器材与科学研究的器材有所不同,不少教学器材是专门为某一个或某种实验开发的,还有一些器物是生活用具,但被教师用来作为实验器材。由于这些特殊性,因此对实验器材在挑选、使用中的批判性思考也是培育学生批判性思维的一种途径。教师可以用"为什么用这个器材""可以由其他器材替代吗""该器材使用过程中有哪些注意事项""如果不注意会对实验造成什么影响"等问题,引发学生思考。

比如,在"用 DIS 描绘等势线"的实验中,为什么用的是 DIS 电压传感器? 能不能用电流传感器? 为什么? 又比如,在"探究感应电流产生的条件"的实验中,原线圈和副线圈的导线为什么粗细长度不一样? 学生在实验过程中可能会发现,如果把原线圈和副线圈装反是观察不到感应电流的,这是为什么? 再比如,在"单分子油膜法估测分子直径"的实验中,为什么选择油酸的分子来测量? 为什么不用别的物质? 为什么要稀释油酸? 可不可以直接滴油酸? 为什么用酒精做溶剂? 除了酒精还能用别的溶剂吗? 学生如果长期得到这样的训练,一方面对物理问题的认识更加深刻,另一方面也逐渐养成了批判性思考的习惯。

3. 实验操作中的批判性思维培育

一个具有批判性思维的学生在进行实验时,不会简单地按部就班,一定会思考为什么要做这一步,这一步能不能与其他的步骤对换顺序。比如,在"研究通电螺线管内部的磁感应强度"的实验中,在闭合开关之前,对磁传感器有一个调零的操作。为什么要调零? 为什么要在闭合开关之前而不是之后调零? 可不可以在闭合开关之后调零? 又比如,在"单分子油膜法估测分子直径"的实验中,为什么先撒痱子粉再滴油酸? 能不能先滴油酸再撒痱子粉? 再比如,在做电学实验时,学生初中学过"闭合开关前,滑动变阻器滑片要置于阻值最大处",而在高中电学实验中,滑动变阻器还有分压式接法,此时,闭合开关前,滑动变阻器还要放在阻值最大处吗?

4. 实验数据分析中的批判性思维培育

为了研究物理规律,就必须对相关的物理量实施测量,得到实验数据。分析实验数据也是培育学生批判性思维的一条重要途径。

一方面,教师可以在与学生对话实验数据的分析方法中培育学生的批判性思维。初中物理中有很多测量性的实验,目的是得到关于研究对象的一个参数,比如测量长度、密度、比热容、电阻阻值,这些实验往往采用多次测量求平均值的方法减小偶然误差。而在高中物理中,大多数实验是为了探究或者验证一个物体规律,往往需要研究几个物理量之间的关系,多采取图像法处理实验数据。即使有些测量性的实验,采用的也是图像法,比如"测量电源的电动势和内阻""用单摆测量重力加速度"。为什么用图像法? 可不可以通过改变滑动变阻器的阻值得到两组端电压和总电流的数据,然后联立方程求得电动势和内阻? 可不可以在同一个摆长下测量三次周期,计算出三个重力加速度的值,然后求出重力加速度的平均值?

另一方面,教学中我们也会常常遇到学生的实验数据与理论值存在很大误差的问题,误差分析对培育学生的批判性思维有独特的价值。是错误还是误差? 误差来源是什么? 是偶然误差还是系统误差? 可以减小误差吗? 怎么减小? 如果不行,有没有补救的方法?

5. 实验结论获得中的批判性思维培育

实施实验的最后一个环节是得出实验结论。尽管在初高中阶段,大多数情况下实验结论是已知的,并不是真正开放的探究性实验。但是,我们也可以启发学生进行批判性思考。一方面,实验结论如何表述更加合乎逻辑? 比如,在"研究力与加速度的关系"的实验中,为什么结论是"物体的质量一定时,加速度与合外力成正比"? 可不可以说"物体的质量一定时,合外力与加速度成正比"? 另一方面,这一实验得到的结论有没有限制条件或者适用范围,在结果中如何体现?

第六章　培育中学生
批判性思维的具体路径

本章从批判性思维技能和倾向的构成要素出发,详细阐述每一种技能和倾向的物理教学行为和课堂教学培育路径。

第一节　培育批判性思维技能的具体路径

按照范西昂团队的研究结果,批判性思维的技能主要是指阐释、分析、推理、评估、解释和自我调整,下面从教学行为表现和技能培育的教学路径两个角度分别进行阐述。

一、"阐释"技能的培育路径

1. 教学行为

（1）积极的教学行为

教师通过问题引导学生对需要解决的问题进行自我语言系统的重新表述,可以将文字信息转化为示意图或者命题网络,也可以将问题所描述的几个信息分类成几个相互关联又独立的意义单元,还可以请学生挖掘隐含信息进一步理解问题本意。

（2）消极的教学行为

不引导学生对问题进行解读,或者在没有准确理解的情况下就直接解题,将导致条件不清、张冠李戴。

（3）激发技能的问题

① 这个问题意味着什么？

② 我们应该怎样理解这个问题的重点？

③ 对这个现象进行描述的最佳方式是什么？

④ 这个问题可以分为哪几个小问题？

⑤ 这种情况下，那个物理量信息的意义是什么？

2. 教学路径

（1）转化问题的表现形式

通过概念的文字阐述和列表式阐述，呈现规律，澄清意义。

比如对于区分、识别平衡力和作用力与反作用力，可以把概念性阐述转化为表格对比的形式阐述。

表 6 - 1　平衡力和相互作用力的区别

分类	平衡力	相互作用力
定义	作用在同一物体上的大小相等、方向相反、可以相互抵消的力叫作平衡力	两个物体间发生相互作用而产生的两个力叫作相互作用力
受力体	同一个物体	分别作用于两个物体上
施力体	研究对象之外的另两个物体	两个物体既是受力物体又是彼此的施力物体
力的性质	两力性质可能不相同	两力性质一定相同
相同点	两力大小相等，方向相反，且作用在同一直线上

将文字信息转化为示意图、表格或者命题网络，也可以将问题所描述的几个信息分类成几个相互关联又独立的意义单元。如果配上情境示例，就成为具象化的阐释。

（2）提取实际情境中的有效信息

将实际情境中的信息进行提取、加工、破解，抽象为良好结构的物理问题，再进行解决。

比如，"在高速公路上以速度 $v_0 = 108\ \mathrm{km/h}$ 行驶的汽车，急刹车时车轮与地面间的摩擦力为总重力的 0.8 倍，乘客如果系上安全带，人和车同时停止，则人和车的加速度大小为_____ m/s²。如果没有系上安全带,乘客因具有惯性将以原速度向前冲出,与座位前方硬物碰撞。设碰撞后人的速度变为反向,大小变为 $0.2v_0$,碰撞时间为 0.03 s,则系了安全带后乘客受到的安全带的力与不系安全带时受到的撞击力之比约为_____"。

在该问题中,学生需要对"系上安全带,人和车同时停止"进行信息加工:人和车作为整体,减速过程中地面的阻力产生加速度,而人的这一加速度可以看成由安全带提供。还要对"不系安全带时,人受撞击力反弹"进行信息加工:人由于受撞击力而速度在 0.03 s 内变化了 $-1.2v_0$,这一加速度由撞击力产生。因此这两种运动都是匀减速直线运动模型,只是两种运动的加速度不同,因此合力不同,可以运用牛顿第二定律求出合力之比。这一运动模型的建立和两次运动的区别都需要对实际情境所提供的信息进行转译、破解。

（3）破解物理模型中的隐性规律

模型方法本身是多种方法的综合体,而物理教材中往往以知识的方式阐述,缺少模型方法层面的提炼和表达,造成了知识的"显性",模型方法的"隐性",需要以基本的知识理解为基础,进行规律性的总结和阐述。

如弹簧振子模型。有竖直方向的弹簧振子、水平方向的弹簧振子、斜面上的弹簧振子;从外部环境上看有接触光滑的、存在摩擦力的、接触分离的;从外部形态上看有异化的,如蹦床、蹦极等。但是如果抓住弹簧振子模型的基本特征去理解和阐释,即平衡位置的确定、特征物理量的对称性分析等,就可以轻松地识别,并进行深刻的内涵破解和意义澄清。

在教学过程中,通过对问题表现形式的转化、信息的有效加工、同类模型的规律破解等问题内涵的阐释,可以更好地锻炼学生批判性思维阐释技能,提升分类、识别和诠释共性规律的能力,也就是在分类、识别的同时,破解内涵并澄清意义。

阐释技能不是孤立的。阐释是批判性思维的核心技能,但是在很多阐释过程中这一技能绝不是孤立的,在阐释中也伴随着批判性思维的其他核心技能的融合,以上实例里面显然也伴随着分析、推理、评估和解释等技能。

二、"分析"技能的培育路径

1. 教学行为

（1）积极的教学行为

在课堂教学中,教师能够引导学生识别一个问题中的各种解决方式的异同,能够指出所要讨论的观点,找出支撑或者否定这个观点的理由,指出潜在的假设,明确结论与证据之间的推理关系。

教师也可以通过三段论这种论证方式,训练学生的"分析"技能,比如教学中在判断一个观点的真伪时,有意识地指导学生指出大前提、小前提和结论;或者利用图尔敏论证模型,引导学生指出结论、事实、推理、支撑、反驳以及限制等各个要素,也就是充分展示推理过程,才能够培养学生的分析技能。

（2）消极的教学行为

如果教师不清楚"分析"这种技能中所体现的各个要素,也就没有办法培养学生的这一技能,因此教学中只重视结论,而忽视得出结论的证据和推理过程。这些都属于消极的教学行为。

（3）激发"分析"技能的问题

在培养学生"分析"技能的时候,教师可以提出以下问题来激发学生思考:

① 你的观点是什么?

② 你的证据是什么?

③ 你为什么这样想?

④ 你的反例是什么?

⑤ 得出这一结论,我们必须做出什么假设?

⑥ 你推理的形式是什么?

⑦ 你能说一说你判断的理由吗?

2. 教学路径

（1）明确"三段论"和"图尔敏"的论证模型,实现思维的显性化

在课堂教学中,教师首先要明确构成思维结构的各个要素,可以通过"三段论"和"图尔敏"的论证模型来明确构成思维的要素。

三段论论证模型的构成要素:大前提、小前提和结论。大前提是已经认可的理论依据,小前提是要论证的问题,结论是根据大前提推理得出的结果。比如,论证单摆的振动是简谐运动的推理过程:

大前提:振动物体如果受到的回复力满足条件 $F = -kx$,则物体做简谐运动。

小前提:单摆受到的回复力在摆角小于 5°的情况下,满足 $F = -kx$ 这个条件。

结论:单摆在摆角小于 5°的情况下的振动可以认为是简谐运动。

图尔敏论证模型由六个要素组成(见图 6-1),分别是根据、观点、保证、支撑、限定和辩驳。

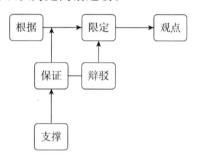

图 6-1

根据:主要指支持观点的事实、证据。

观点:所表达的观点、结论和预测等。

保证(理由):说明如何由事实、证据通过推理而得到结论或主张。

支撑:连接观点和证据之间的依据,是具有普遍意义的基本规律,包括科学知识和科学本质。

限定:表明该论证主张是正当的适用条件。

辩驳:引用事实证据、理论依据及推理过程对其他观点进行批判、修正。

明确了思维结构中的各个要素,使思维显性化,才能对各个要素进行分析、判断、推理和评估。如果不能指出思维结构中的各个要素,思维是混乱的,也就谈不上批判性思维了。

(2) 教师可通过"提问"引导学生掌握"分析"这种技能

教师可以针对"三段论"或"图尔敏"结构要素提出问题,引导学生明确构成思维的各个要素,使思维显性化。比如在判断"惯性的大小取决于质量"这一观点时,让学生指出论证这一观点的思维要素,即观点是什么、提供怎样的事实、论述观点的理由(保证)是什么、连接观点与证据之间的依据是什么、是否有辩驳、结论成立的条件是什么。

观点:物体惯性大小取决于物体的质量。

事实:歼击机在作战时,要扔掉副油箱,这样作战时机动性强;载重的火车启动得比较慢,状态改变比较困难。

保证:两辆相同的汽车,在相同的作用力作用下,载重汽车启动得比较慢,状态不容易改变,惯性比较大;反之,空载的汽车启动得比较快,状态容易改变,惯性比较小。

支撑:状态改变难,惯性大;状态改变容易,惯性小。

(3) 教师可采用"苏格拉底诘问法",引导学生提高"分析"的技能

"苏格拉底诘问法"是教师对学生的知识理解不发表任何看法,而循循善诱,通过询问,提出一些问题,按照学生的想法,一步一步地让学生看清自己在理解知识中的缺陷或思想背后隐藏的假设。这种方式以准确、透彻地理解批判对象为基础,以逻辑学为标准,以逻辑推理为手段,以了解学生思维结构中的缺陷为目标,从而提高学生批判性思维中的"分析"技能。

比如在教学中,当学生做出猜想、假设时,教师一定要让学生阐述支持这种假设的证据,促使学生对猜想、假设做出解释。教师可以追问:有哪些证据可以支持你的这个观点或结论? 可以做什么样的实验来验证你的观点? 可以用什么样的理论来解释你的结论? 如果观点是对的,会有什么现象发生?

(4) 通过引导学生指出"辩驳"这一思维要素来提高学生"分析"的技能

辩驳能够限制观点的程度或使用的范围,指出观点在何种情况下适用,或者观点还存在哪些问题需要完善。

物理学的发展中有很多这样的例子。以 a 粒子散射实验的事实反驳"枣糕模型"的适用性,在解释原子稳定性的时候反驳"核式结构"的局限性,用爱因斯坦相对论的观点反驳牛顿经典力学理论的局限性,这些都是物理学发展中辩驳的典型案例。在课堂教学中,辩驳的情景经常发生。在判断"惯性的大小取决于质量"这一观点时,学生提出辩驳:速度大的物体很难停止下来,状态改变比较难,惯性比较大,得出"速度大则惯性大"的结论。如何驳斥这个观点是错误的呢? 可以通过这样的例子:高速运动的乒乓球,用球拍轻轻一碰,方向就很容易发生改变;缓慢行驶的火车,若想停下来,是很困难的,原因是火车的质量大,状态改变不容易。

通过让学生指出"辩驳"这一思维要素,对学生思维的全面性、严谨性,以及推理的逻辑性等都提出了更高的要求,从而推动论证的深入,提高"分析"技能。

三、"推理"技能的培育路径

1. 教学行为

(1) 积极的教学行为

在不完全的归纳推理的过程中,要提供更多的事实材料或物理实验,不能仓促、轻率地得出普遍性的结论。比如人们看到石头、铁片之类的较重的物体在空中下落得比羽毛、纸片之类的较轻的物体快,于是轻率地归纳出"重的物体比轻的物体下落快"的结论。

在演绎推理中,强调必须是前提正确,推理符合逻辑,结论才可能是正确的,而且得出的结论要通过实验的检验。在教学中,可以鼓励学生做有证据的猜想,也可以鼓励学生提出多种可能的方案。

(2) 消极的教学行为

消极的教学行为主要表现为:在没有证据的情况下,匆匆得出结论,经常依赖直觉,让刻板的印象主导我们的思考,形成错误的观念;以既定视角来观察整个世界;忽视和抨击那些与我们相悖的观点;编造一些谎言和虚假的讹传,进行一些与我们经验不符的思考。

(3) 激发"推理"技能的问题

在培养学生"推理"技能的时候,教师可以提出以下问题来激发学生思考:

① 根据目前知道的信息,我们可以得出什么结论?

② 根据目前我们知道的信息,可以排除哪些因素的干扰?

③ 这一证据意味着什么?

④ 如果这个假设是正确的,会发生怎样的物理现象?

⑤ 要解决这个问题,还需要哪些信息?

⑥ 这样的做法,后果是什么?

⑦ 还有没有其他的方法?

⑧ 是否还有我们可以预见的不良后果?

2. 教学路径

从批判性思维的角度来培养学生的推理能力,更加强调推理的强度。在课堂教学中,更多地表现为学生推理的严密性和逻辑性不足,但是有时又很难发现这种不足。通过以下方式,能够暴露推理过程中的问题,进而采取适当的方法对推理过程进行诊断,提高推理的有效性。

(1)通过对话交流的方式暴露推理中的缺陷

推理的首要条件是要有科学、准确的证据,因此对话交流也应当是有证据的交流。通过师生对话、生生对话,暴露出学生在推理过程中所存在的缺陷。比如在探索规律之前,教师往往都会让学生"猜想"一下,并根据猜想的一些信息来展开后面的教学。但实施起来很多学生只谈猜想而不谈依据,这样的猜想在思维过程中发挥的作用和价值相对较小,因此,在课堂教学中强调学生的回答要有依据。经过一段时间的训练,学生在思考问题、分析问题时,就容易形成反思的习惯,在每一次得出结论前自然地向自己提问:"我这样说有没有证据?"如果发现依据不足,应当重新寻找更可靠的证据来完善自己的推理过程,从而减少各种情形下推理失误的发生。

(2)通过数据表达暴露推理中的缺陷

数据表达是指让学生以数据、图像、表格等形式,将部分物理知识点、规律直观呈现,使学生的推理过程显性化,从而暴露出推理中出现的缺陷。

比如在"楞次定律"的教学过程中,有的教师在设计学案时,直接给出如下设计方案的表格。

表6-2 某学生的实验设计方案

在磁铁插入线圈的过程中:

	感应电流的方向	感应电流产生的磁场方向	磁铁产生的磁场方向	感应电流产生的磁场 $B_{感}$ 与磁铁的磁场方向 $B_{铁}$ 的关系
N极向下时				
S极向下时				

可以得到结论:_____

在磁铁拔出线圈的过程中……

表面上看,用表格很清晰地展示了实验思路,也对实验进行了精简。仔细观察表格你会发现:表格中列出了"感应电流产生的磁场方向"和"感应电流产生的磁场与磁铁的磁场方向的关系"这两个栏目。但是怎么知道要研究感应电流的磁场和磁铁的磁场方向的关系? 表格暴露出逻辑关系的不严密。如果在教学过程中,能够突破逻辑关系的不足,那么这将提高学生的批判性思维能力。

(3) 通过因果关系的分析来暴露推理过程的缺陷

培育推理能力最重要的一点是要引导学生明确因果关系。在教学中,深入解释科学事物、科学概念、科学规律及科学问题中的因果关系,有利于培养学生的科学推理能力。

比如,在楞次定律中,要引导学生分析过程中有两对因果关系:一是原磁场磁通量的变化使回路中产生感应电流;二是回路中的感应电流产生磁场。产生感应电流是原磁场磁通量变化的果,又是产生感应电流磁场的因,原因转化为结果,结果又反作用于原因。楞次定律正是反映了这种因果关系。

四、"评估"技能的培育路径

1. 教学行为

(1) 积极的教学行为

分析学生的论据或理由好在哪里;鼓励学生比较各种替代性解释的优缺点;启发学生说明正确或错误的理由;引导学生检验推理的过程;鼓励学生建立错题集。

(2) 消极的教学行为

急于对学生的观点做出对错的评价;相当多的练习都是客观题;没有给学生思考评估留出足够的时间。

(3) 激发"评估"技能的问题

在培养学生"评估"技能的时候,教师可以提出以下问题来激发学生思考:

① 这个结论有什么问题吗?

② 这两种说法是否相互矛盾?

③ 我们的实验操作规范吗?

④ 这个物理公式应用的前提条件满足吗?

⑤ 这个推理过程是否符合逻辑?

⑥ 还有更合理的实验方案吗?

⑦ 由这些实验数据可以得出实验结论吗?

⑧ 你能举出一个反例吗?

2. 教学路径

(1) 观点碰撞

在概念教学中,可加入一些看似相互矛盾、容易混淆的说法,引起学生的辨析,激发学生进行评估。物理教学时常出现不同的说法、不同的认识,这些不同的说法、不同的认识就可以让学生来进行评估,判断其结论是否可靠,论证是否充分。在教材上有"大家谈"栏目,物理练习册中有"要点辨析",都可以作为培养学生评估技能的教材结合点。比如教材"匀速圆周运动"这一节中,"大家谈——月球和地球谁跑得快?"看上去就是两种矛盾的说法,可以让学生争论评估,形成观点,加深对线速度、角速度的理解。

比如,一位学生由关系式 $P=I^2R$,认为电功率与电阻成正比,另一位学生由关系式 $P=U^2/R$,认为电功率与电阻成反比,这就出现了两种看似矛盾的说法。这种观点的碰撞可以很好地锻炼学生的评估技能。运用 $P=I^2R$ 公式分析 P 与 R 的关系的前提条件是 I 相同,运用 $P=U^2/R$ 公式分析 P 与 R 的关系的前提条件是 U 相同,因此两者的论点存在片面性。其实,当 I 相同时,P 与 R 成正比;当 U 相同时,则 P 与 R 成反比。故两者并不矛盾。

(2) 一题多解

"一题多解"是指通过不同的思维途径,采用多种解题方法解决同一个实际问题。它有利于培养学生的批判性思维能力,加深对概念、规律的理解和应用,提高学生的应变能力,启迪学生的发散性思维。物理习题中经常会出现一题多解的情况,不同的解答有各自的优点,让学生来评估不同解答方式的优劣,是培养评估技能的一种有效途径。

在运动学部分有很多一题多解的情况出现,如追赶相遇问题,可以采用基本公式法、图像法、判别式法、巧取参照物法等方法求解。对于一些匀减速的刹车过程,也可以倒过来看,将其看作初速度为零的匀加速直线运动的逆过程,巧用匀加速直线运动的推论进行求解,还可以采用图像法快速求解。不同的解法有各自的优势,学生可以通过评估不同的解法,熟悉解题思路,锻炼评估技能。

（3）典型错解

除了多解之外,对错解的评估也可以很好地培养学生的评估技能,比如"辨析题"。辨析题通常是先出题干,像其他物理题一样,给出已知条件和要求的问题;与其他题型不同的是,辨析题会列出某同学的解法,最后问"你认为这个结果正确吗? 请对该解法做出评价并说明理由"或"你同意上述解法吗? 若同意,求出⋯⋯;若不同意,则说明理由并求出你认为正确的结果"。

辨析题中,通常某同学的解法是错误的,但是这个错误不是明显的公式或计算的错误,而是似是而非,或者是对物理概念及物理规律理解的错误,或者是对物理状态及物理过程分析的错误,不仅考查知识和技能,而且考查过程和方法。辨析题给出了某个结论和推理过程,然后让学生进行评估,符合评估技能要求的评估"结论的可信度""论证的逻辑性",非常有针对性。

五、"解释"技能的培育路径

1. 教学行为

（1）积极的教学行为

教师需要充分了解学生的学情,根据学生的思维水平设置问题任务;多运用提示语"能不能把你的结论的推导过程给我们讲一讲,画一画?";教师提出问题后,给足思考、讨论的时间,让学生整理思路,组内进行充分的讨论;在对话过程中多进行追问,培养学生将论据和结论对应的逻辑表达习惯。

（2）消极的教学行为

若教师在对话过程中只注重问题解决的结果而不深究过程,则学生将弱化问题思考过程中严密的逻辑关系;若教师在学生提供结论后急于自行讲评、解释,学生将失去练习"解释"技能的机会。

（3）激发"解释"技能的问题

在培养学生"解释"技能的时候,教师可以提出以下问题来激发学生思考:

① 这些调查的具体发现或结论是什么?

② 这是如何进行分析的?

③ 你的这种阐释是如何形成的?

④ 请对我们再次说明一下你的推理过程。

⑤ 你为什么认为这是正确的答案或解决办法?

⑥ 你如何解释形成这一决定的理由?

2. 教学路径

学生"解释"技能的培养途径主要有课堂中问题导向的对话和课后练习中对问题情境的辨析。

（1）问题引导对话

例如这样一个情境:王伟同学在超市将购物车从货架的东边推至货架的西边,接着又将购物车拉回至货架的东边。丁凯同学觉得这个过程中由于购物车的总位移为零,因此拉力做功为零。李曼同学反驳说王伟同学消耗了体能,因此全过程中拉力做功不为零。你同意谁的观点? 请说明理由。

教师需要引导学生从功是力在空间的累积的角度,分析两个过程中力分别做功的情况,辨析结论的合理性。力做功,与这个力的大小、沿这个力方向上发生的位移有关,是每一段运动过程中力的空间累积效应,最终使物体能量发生变化。

此情境中王伟同学推购物车的第一个过程中推力做正功,第二个过程中拉力方向相反,位移方向也相反,拉力仍然做正功,因此总功为两次正功之和,不为零。不能直接如丁凯同学说的总位移为零就是做功为零,还应该关注过程中功的累积。

另外"做功"与"工作"概念不同,"工作"会使人体能消耗,人处于"工作"状态不一定能表示人使物体能量改变从而"做功"。也就是判断力是否做功需要基于力的空间累积效应使物体能量变化这一物理意义出发。

（2）矛盾推动释疑

例如这样一个让人感到矛盾的问题:质量 $m = 1.67 \times 10^{27}$ kg 的质子在高能

粒子加速器中被加速到动能 $E_k = 1.6 \times 10^{-10}$ J。某同学根据 $E_k = \frac{1}{2}mv^2$ 算出质子的速度 $v = 4.38 \times 10^8$ m/s(计算无误)。你认为该同学的结论是否合理?说明理由。

对这个问题的批判性思考,学生经历了阐释:①质子加速后的动能是实际测量的;②质子的速度是通过公式计算的。依据"光速是自然界的极限速度",评估"算出来质子的速度超过光速了"。而解释就是在完成上述行为后以说服别人所抱有的矛盾、疑惑的心态,给予符合逻辑、令人信服的说明。

六、"自我调整"技能的培育路径

1. 教学行为

(1) 积极的教学行为

教师在课堂中积极创造认知冲突,引导学生质疑,使学生通过自我反思为问题的解决提出更好的替代方案。当发现学生出现实验误差时,教师应当请学生说说问题出现在哪里,不成功的原因是什么,应如何进行改进。教师可要求学生对作业或试题中的错误进行反思,明确错误出现在理解题意、分析条件和目标的关系、寻找合适的物理原理、制定解题步骤、运算和验证中的哪个环节。

(2) 消极的教学行为

教师在教学中平铺直叙,不启发学生思考,或为赶进度给予学生反思的时间不足。在实验探究过程中,教师对误差较大的实验数据置之不理,或将误差都归因为偶然误差,从而丧失了开启学生自我反思的契机。

(3) 激发"自我调整"技能的问题

在培养学生"自我调整"技能的时候,教师可以提出以下问题来激发学生思考:

① 我们的结果是否与实际不符?

② 我们用的方法是合理的吗?

③ 这些实验数据都是正确的吗?

④ 在我们得出结论之前,是否还有遗漏?

⑤ 你觉得应该如何改进来消除实验误差?

⑥ 你的替代方案是什么?

2. 教学路径

(1) 教师制造矛盾,学生在认知冲突中进行反思与修正

当学生提出观点时,教师通过实验现象否定其观点;学生再提新的观点,教师又再次通过实验结果否定;学生继续提出新的观点……教师通过不断制造矛盾,使学生产生认知冲突,让学生在此过程中不断地修正自己的观点,最后反思自己的观点。

【示例】"闭合电路的欧姆定律"的教学片段

师:各位同学,请观察这张电路图(见图 6 - 2)。这三个小灯泡是怎样连接的?

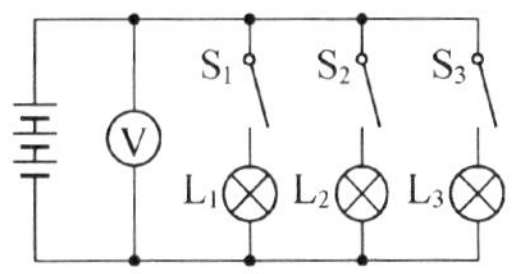

生:并联。

师:电压表测的是谁的电压?

生:电源两端的电压。

图 6 - 2

师:当然也可以说是测并联电路的电压。

师:如果我依次将 S_1、S_2、S_3 闭合,电压表的示数会如何变化?

生:不变,因为电源的电压不变。

教师将 S_1 闭合,电压示数减小;再将 S_2、S_3 闭合,示数连续变小。学生产生疑惑。

师:初中的电路知识告诉我们电压不变,但事实并非如此。同学们,请思考产生这个现象的原因可能是什么。

生 1:可能是因为连接导线上有电阻。

生 2:可能是电源里面有电阻。

生 3:我发现小灯变暗了,那么它的电压变小了。

生 4:……

教师以学生已有的电路知识为基础,设计了如图 6 - 2 所示的电路,旨在让

学生看到与预想完全不同的实验现象,使用原有认知得出的结论与事实产生了矛盾。学生连续三次观察到电压表示数变小,使这一认知冲突不断加深。于是学生就开始对原理、器材甚至是原有的知识产生怀疑。接下来通过原电池等探究活动,学生认识到电源内存在电阻这一事实,从而调整自我认知,接受新的物理观念。因此在教学设计前,教师应充分了解学生旧的知识体系,寻找新旧观念间的差别,通过实验将其显现出来,引起学生的质疑。

（2）教师积极捕捉学生的错误,通过对话启发学生发现并修正错误

教师要善于捕捉学生的错误来促使学生反思,也可以根据教学经验设计一些易错的情景来帮助学生发现错误、反思错误,从而提升批判性思维能力。捕捉学生错误的途径有:课堂提问中学生的回答,作业中出现的错误,实验中学生的操作步骤等。教师可通过现场启发、个别访谈、拍照录像的方式来使学生发现和反思错误。

【示例】在讲解恒力做功的公式时(见图 6 - 3)

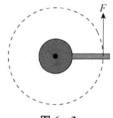

师:有人用方向垂直于磨杆、大小为 F 的力推磨一圈,问 F 做了多少功?

生:做功为零。

师:你的依据是什么?

生:根据公式 $W = Fs\cos\theta$,位移为零,做功为零。

图 6 - 3

师:从能量的角度来看,磨获得了动能,磨石与磨盘摩擦生热了,这些能量都是靠 F 做功得来的。

师:F 做功了,为什么和功的公式不符?

生:这个公式是有前提条件的,只能用在恒力做功的时候,这道题不适用。

师:每个物理公式都有它的适用范围,刚才你的错误就在于没有考虑这一点。那么你有什么替代的方案呢?

生:对于曲线运动,我们可以尝试用微元法来求做功。我们将推磨一圈分成无数个微小的过程,而每一段可以看成是一段直线,可以使用功的公式,最后将每一小段做的功累积起来。

案例中学生简单地套用公式,不考虑公式的限定条件,得出非常荒谬的答案。教师通过举出反例让学生意识到自己的答案不正确,让学生在思维上产生了认知冲突,促使学生想要追求正确的答案;接着教师引导学生反思错误的来源,发现公式有适用条件,只能用在恒力的情况下,而此问题显然是一个变力;最后教师引导学生寻求替代方案,比如可以通过微元法来代替直接套用公式解题。学生经历了从认知冲突到重新思考,再到寻找新的方法的过程,思维的深度和广度都得到了进一步的提升,体会到了自我反思的步骤和意义。

（3）面对实验误差,教师引导学生对探究过程再思考再调整

反思实验探究过程与结论是物理学科核心素养中"科学探究"明确要求的能力。教师引导学生发现实验误差,引发学生开启自我反思,对实验设计、操作过程、得出结论等环节进行再思考。教师可以抓住每次学生实验的契机,每节课选取一个环节重点训练学生的反思推理和猜测验证能力。

【示例】探究牛顿第二定律的实验(见图6-4)

师:这组同学的实验数据是否能得出物体的加速度与外力成正比?

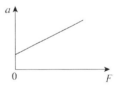

图 6-4

生:不能,因为图像并没有通过原点。

师:实验得到的图像与我们之前猜想的图像相比,有什么相同之处,又有什么不同之处?

生:数据点基本在一条直线上,但交在了纵轴的上方。

师:说明这个误差并不是偶然的。请同学们根据图像特点回顾实验的过程,并讨论一下误差产生的原因。

生1:从图像可以看到,当 $F＝0$ 时,小车已经有了加速度。

生2:可能是由于斜面过于倾斜导致的。

生3:可能是由于细线没有平行于轨道导致的。

生4:可能是由于钩码失重而使拉力不等于重力而导致的。

生5:……

师:根据你的猜测,首先通过理论分析一下它是否正确,再提出改进方案。

生6：如果是钩码失重，那么图像会逐渐弯曲，应该不是主要原因。

生7：如果是斜面过于倾斜，应该会出现这个图像；那么我们可以调整斜面倾角，确保小车不受拉力从斜面下滑时，DIS 界面的 $v-t$ 图像是一条水平直线。

生8：如果是细线没有平行于轨道，则产生的加速度比理论值要偏小，不会产生这个图像。

生9：……

在此"探究牛顿第二定律的实验"的示例中，绘制出的 $a-F$ 图像并没有通过原点，而是和 a 轴原点的上方相交并且误差较大。教师引导学生发现数据与理论的矛盾，使学生开启自我调整的过程。学生根据误差的特点，回顾实验的整个过程，讨论并猜测产生误差的原因，再通过使用推理技能对猜测进行再思考，最后提出减少误差的方法和具体的操作方案。示例中的教学过程里，教师引领学生经历了发现矛盾、回顾思考、猜测验证和寻找替代方案的过程，学生从中感悟到自我调整技能在实验探究中具有重要的作用。

第二节　培育批判性思维倾向的具体路径

批判性思维倾向是一种介于动机和信念之间的心理状态，一旦形成之后，可以使学生表现出一贯的、稳定的批判性思维。比如"好奇"，通常我们把它理解成一种科学探究的动机——有的时候我们会听说科学家做研究是为了满足自己的好奇心。而"寻求真理"，既是一种动机，也可以是一种信念。

也就是说，批判性思维倾向是一种思维品质，如何培养思维品质可以借鉴德育心理学中对道德品质的培养。品德形成的基本心理结构是认知、情感、意志、行为，即知、情、意、行。有了正确的道德认知作为基础，恰当的道德情感作为动力，经过道德意志的锤炼，才会形成道德信念，促进道德行为。类似地，形成批判性思维倾向也需要经历"认知启发""情感激发""意志锤炼"这三个阶段，最终表现出批判性思维的行为。培养批判性思维倾向的具体方式见表 6-3。

表6-3　批判性思维倾向的培养方式

认知	认知如何启发? 基于物理学史	
情感	情感如何激发? 基于真实情境	
意志	意志如何强化? 基于实际问题	
行为	寻求真理	追求忠实性和客观性
	心智开放	容忍不同观点
	心智成熟	反省的倾向,愿意悬置判断
	分析性	对潜在的有问题的情境保持警觉
	系统性	有序地处理复杂问题
	自信	对推理过程的信任水平
	好奇	乐于知道事物是如何运行的

一、"寻求真理"倾向的培育路径

1. 知——基于物理学史启发认知

培养学生某个道德品质,具体的案例是很好的切入点。通过对具体案例进行分析,明辨是非,先形成一定的观念,这种做法属于启发认知。同样对批判性思维倾向来说,也可以通过案例来启发学生体会、认识到什么是"寻求真理",并且了解求真倾向的重要性。在物理学的发展史上,科学家不畏权威,基于证据寻求真理的故事有很多。教师可以发掘这样的案例,渗透在日常课堂教学中,让学生了解这些科学家坚持追求真理、不畏权威的事迹,对学生进行熏陶,使得学生对"求真"形成清晰的认识以及初步的观念,培养批判质疑精神。

比如,亚里士多德认为力是物体运动的原因,但是伽利略却对这种根深蒂固的观点提出了质疑。他巧妙地利用斜面理想实验进行推理,得出了与亚里士多德相反的结论:维持物体做匀速直线运动不需要任何力。此外,伽利略从亚里士多德"重物比轻物落得快"的观点推出了互相矛盾的结果,揭示了亚里士多德的错误。后来伽利略因为宣扬日心说,被宗教裁判所判处终身软禁,但是他始终追寻真理,捍卫哥白尼学说。伽利略开创了实验和理论分析相结合的科学研究方法,在人类思想解放和科学文明发展过程中做出了巨大贡献,成为科学革命的先驱。霍金说"自然科学的诞生要归功于伽利略",爱因斯坦称他为"现代科学之父"。

2. 情——基于真实情境激发情感

(1) 营造平等对话的课堂教学氛围

科学研究表明,当教师以专家的身份出现时,学生就会忠实地模仿教师行为的每一个细节,无论是否有必要。同样地,在一个小规模的群体中,如果一个人以专家的身份出现时,其他人通常都会表现得唯唯诺诺,使得讨论质疑不太可能出现。所以,如果教师的角色是权威,完全掌握话语权,那么学生在学习过程中很难体会到探究知识和发现真理的快乐,最终难免会成为盲从、缺乏批判精神和创造精神的人。民主平等的班级环境是培养良好批判性思维倾向的重要条件。师生之间或是同学之间的关系越和谐,越能有效促进学习者批判性思维"寻求真理"倾向的养成。在和谐的班集体中,教师是师长,同学是共同探求真理的伙伴。在这样的班级环境下,学生会被激发出更多的参与感、贡献感,形成学习共同体,会更积极主动、批判性地质疑与发声。

(2) 创设真实丰富的课堂教学情境

物理学既有理论,又有大量的实验支撑。实验教学在物理课堂上占据很重要的地位,也是最直观的一种教学方式。教师可以通过实验创设情境,并让学生亲自动手实验,这样不仅能培养学生的动手动脑能力,还能促使学生产生怀疑,开启批判性思维模式,激发求真状态。

以生活素材为情境可以有效激活学生的求真热情,并以更为主动的姿态参与到探究之中。比如在引导学生研究"压强"的概念时,就可以结合生活中看到的杂技表演——"睡钉床"来创设情境:一张木板上密密麻麻地钉上钉子,杂技演员可以非常安稳地躺在上面,却毫发无损,你知道原因吗? 学生纷纷表示曾经在视频里见过,但是对其中的奥秘还有些疑惑。教师顺势就在教室里模拟这个表演:一个木板上密密麻麻地钉着钉子,用这个来模拟"钉床",然后用一只装满水的袋子替代杂技演员,将其放在"钉床"上,水袋没有被扎破。随后,教师又做了一个对比实验:一个木板上钉着一个钉子,然后将水袋放上去,水袋被扎破。这是为什么呢? 学生的思维很快被激活,并展开了热烈的讨论,有关"压强"的概念很快在学生的讨论中浮出水面,探索到了演示背后隐藏的真相。

3. 意——基于实际问题强化意志

强化求真意识或者求真倾向,应该通过让学生面对实际问题,正如道德品质的培养,只有在面对实际问题时,才会经历道德的考验,锤炼意志。课堂教学可以通过一些实际的、复杂的问题来加强学生的求真意识,逐渐将求真转化为一种长期的习惯、信念。

比如,有人设计了一种交通工具,如图 6-5 所示,在平板车上装了一个电风扇,风扇运转时吹出的风全部打到竖直固定在小车中间的风帆上。请分析,这种设计能使小车运行吗?

图 6-5

大多数学生认为这样设计的小车不能动,甚至一些教学参考资料上也是这么认为的。理由是电风扇运转时,吹出的风产生的力作用在风帆上,根据牛顿第三定律,后者同时也会产生一个反作用力作用在电风扇上,且方向相反;由于风扇和风帆都是安装在小车上,因此这一对力的合力为零,作用恰好相互抵消,所以小车不会因此而运

图 6-6

行。如果使用功率比较小的风扇进行验证,小车确实不动。但是只进行一次实验并没有穷尽所有可能性,如果使用功率很大的、转速很高的强力风扇,如图 6-6 所示,这样设计的小车会运动起来,而且运动方向是风扇指向风帆。认为小车不动的理由错在这种情形中涉及风扇、空气和风帆,并不能简单地应用牛顿第三定律,实际上风扇和风帆在水平轴向上所受合力不能抵消。

空气看不见摸不着,在图 6-7 中,用箭头标示出了空气微团的运动状态。空气无处不在,可以认为空气微团的初始速度很小,经过风扇加速后,高速冲向风帆。由于后续空气的挤压和风帆阻挡造成的转向,使得空气微团的运动状态明显变化(见图 6-7)。考察空气微团的

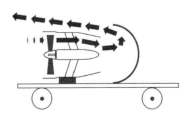

图 6-7

始末运动状态,可以判断它受到的力一定是偏左的,将风扇小车看作一个整体,可以断定小车受到空气对它的合力偏右。当风扇转速足够快时,小车就会克服装置的静摩擦力,开始运动起来。

如果在教学演示过程中,使用功率比较小的风扇进行验证,小车确实不动(功率太小,导致无法克服静摩擦力运动)。所以哪怕是我们亲眼看见的实验呈现出来的结果,仍然可能是错误的。质疑求真,就是要对我们曾经认为已经是定论甚至是信念的观点,也要抱有一种敢于追求真理的态度。

实际上图6-6所示装置在飞机(发动机)上有普遍应用。飞机发动机相当于一个强力的风扇,在飞机着陆后,发动机会开启反推装置(被称为反推门),利用发动机反推帮助飞机减速,特别是在雨雪天气时,这种减速的效果要比刹车减速可靠得多。其原理与图6-7所示风扇小车类似。

4. 行——基于过程评价塑造行为

即使一个人具有学习能力和适当的动机,也不是想学什么就能学会什么。掌握新的行为模式还需要一定的客观条件,何况人的许多新行为模式的建立往往意味着必须破除旧有的、习惯性行为模式。一个人的习惯性行为,作为他的生活方式或风格的一个组成部分,是在长期的生活中逐渐形成的。因此"寻求真理"倾向这种敢于质疑、勇于提问的特质也不可能在短时间内就形成,更不可能一经出现便巩固下来,成为个体生活风格的一部分。教师在学生发展过程中的正面引导、及时反馈、过程评价,对求真倾向的固化起到非常重要的作用。少批评、多评价,鼓励学生大胆质疑,使学生乐于质疑、善于质疑,敢于发表自己的见解,让学生体验到求真的满足感、成就感,促进学生养成质疑提问的习惯,促成学生形成一贯的、稳定的求真表现。

以探索感应电流的产生为例:

师:假如现在你就处在奥斯特时代,当你得知通电导体能在其周围空间产生磁场时,你是否会想到磁体周围空间的导体中会有电流呢?同学们可以大胆地猜想。

生:"导体中有电流""导体中没有电流""让实验说话"……

(学生表达着自己的一些初步的想法。)

师:是的。自然界存在着许多的对称美,也许磁体周围空间的导体中真的有电流。牛顿说:"没有大胆的猜想,就没有伟大的发现。"当时法拉第得知"电"能生"磁"时,也与同学们一样,对这个现象发生了浓厚的兴趣,并在日记本上写下了"磁能转化成电!"的光辉思想。

师:带着这个伟大的猜想,让我们一起踏上科学的探究之旅。

师:想实现"磁"生"电",首先要有磁,这里有一根条形磁铁。磁体周围的导线就用这个线圈吧,我们将磁铁放入线圈中,线圈不闭合,根据电路的知识,能有电流吗?(教师引导学生设计磁生电的方案。)

生:线圈闭合才可能有电流。

师:那就用灵敏电流计与线圈连成闭合回路,这样还可以用灵敏电流计检验线圈中有无电流。

师:灵敏电流计指针动吗?

生:不动。

师:不动说明什么?

生:线圈中没有电流。

师:那就让磁体动起来……

师:(演示了磁体与线圈一起动的实验。)请大家注意观察电流表的指针,磁体与线圈一起动起来时,有电流吗?

生:电流表的指针没有偏转,还是没有电流。

师:老师坚信同学们一定能用条形磁铁使线圈中产生电流,让灵敏电流计的指针动起来,请同学们试一试,各小组展开实验探究。

学生已迫不及待地要进行实验操作。"磁铁插入线圈""磁铁拔出线圈""磁铁穿出线圈""线圈套上磁铁""磁铁在线圈附近晃动"……

学生代表汇报演示如何操作能使线圈中产生电流。对指针偏转的方向、幅度的不同,教师并不指出,尽力创造让学生自发地演示和观察的氛围。

学生在这样潜移默化的引导下,主动探索、积极思考,寻求真理的习惯就会逐渐养成。

二、"心智开放"倾向的培育路径

1. 知——基于物理学史启发认知

"心智开放"的认知成分是指个体对所研究问题所具有的多种可能性或个人观点存在偏见、不全面的认识。学生需要认识的不是学科知识本身,而是通过学科知识的学习认识到求真的过程中需要开放思想,考虑所研究问题的多种可能性、偏见或局限性。

这一过程中教师行为主要是行为示范与例析。"行为示范"即自身倾听学生观点;"例析"即提供材料,如整理典型的科学史实。

例如,物理学史上一个著名的观点——"上帝不掷骰子",这是爱因斯坦对海森伯不确定性原理的评价。当时年轻的物理学家海森伯提出了不确定性原理,即不可能同时正确测量一个粒子的速度和位置,对速度的测量会影响到位置,反之亦然。当时物理学界为之一片哗然,很多重量级的物理学家都反对这个理论,就连海森伯最崇敬的偶像爱因斯坦也反对。可是时光证明了真谛,现在不确定性原理已经成为量子物理的基础定律之一。看来,伟大如爱因斯坦,也很难做到对每件事都抱着开放的态度。

2. 情——基于真实情境激发情感

"心智开放"的情感成分是指个人对思想的行为是否"开放""包容"做出的某种反应的倾向,积极情感有利于"开放思想"心理状态的形成。

例如,在"牛顿第一定律"一课中讨论"力和运动"的关系问题,可以引出"力是维持物体运动的原因"与"维持运动不需要力"两个不同的观点,带领学生理解两个观点的含义及其相应的论证依据;再从笛卡儿对伽利略观点的完善,到牛顿建立高度概括的系统理论——牛顿第一定律,认识到即使是伟大的科学家,对某个观点的认知也是有局限性的(见表6-4),需要开放思想去理解别人的观点。

表6-4　历史上物理学家对力和运动关系的观点

人物	观点	局限性
亚里士多德	力是维持运动的原因	未考虑到其他阻力对物体的作用
伽利略	物体运动不需要力维持,物体不受力时始终沿水平面运动	其"水平面"是与地球表面距离不变,却是一个圆周运动
笛卡儿	物体不受力时,将静止或做匀速直线运动(并不局限于水平面)	不能解释物体不受力时运动状态不变的原因,归结为"上帝的安排"
牛顿	一切物体总保持静止或匀速直线运动状态,直到有外力迫使它改变这种状态为止	适用于低速、宏观物体

让学生形成积极的情感,教师需要在"认知"引导的基础上,当学生出现"心智开放"心理倾向时进行及时的表扬、巩固。例如,教师请学生初步判断伽利略的观点是否一定正确时,若学生没有偏执地认为一定正确,虽然可能不知道其观点的哪部分有局限性,但是能承认可能有更完善的观点存在,就应该获得鼓励。而对一些观点正确性存在偏执,认为物理学家的观点一定正确的行为应该予以指正。

3. 意——基于实际问题强化意志

"心智开放"的意志成分是指个人在遇到具体问题分析时,若遇到不一致的观点与自身观点产生冲突时,能否依旧坚定意志、开放思想,尝试去理解、论证不一致的观点,从而增强自己观点的科学性。教师在教学中应引导学生积极地跟他人交流观点,养成倾听与理解他人观点的习惯。

例如,"电荷的相互作用——电场"教学案例片段:超距说与电场说之争。

师:彭××同学提出"是不是电荷周围存在磁力场才使它们产生了这种相互作用力"(此处"磁力场"观点是学生原始观点),大家是否都同意他的观点?为什么电荷间不相互接触却能产生力的作用?请大家结合你所了解的相类似的非接触力,讨论一下。

(小组讨论,随后展示小组讨论成果。)

某一小组学生的讨论过程如下:

生1:可能是有的。

生2:为什么?

生1:磁铁周围有磁场才产生磁力。

生3:照他这么说,难道电荷也能产生磁场?

生1:电流周围有磁场,但电荷周围没听说过有磁场。

生2:我现在觉得这应该与磁场有点像,你说呢?

生4:我也觉得不能凭空产生力,但看不到什么场。

生1:"看不到场"这个问题可以像初中做过的"在磁场周围撒上小铁屑"检验一下。

合议观点:我组成员都同意电荷周围有类似场的东西,但应该不是磁场,而是电荷能产生的场,需要用实验观察一下。

(各组展示讨论结果,大部分组认为有,小部分组认为不知道,刚才讨论的组里认为不一定是磁力场。)

师:的确,在历史上也有过这样的争论。有的人认为两个不接触的物体要产生相互作用力必须通过一种场得以实现,我们称之为"电场说";还有人认为这种力不需要接触,在一定距离内就能产生,并且无须通过"场"去实现,我们称之为"超距说"。我们现在就与事实进行对话,看看哪种假说成立。这里有两个锡箔,将它们放在金属球附近相同距离处会发生什么? 现在使金属球带电(一位学生前来摇起电机)。

师:你们看到什么现象?

生:金属球吸引两个锡箔后又将其排斥开。

师:把其中一个锡箔放在铁笼中,让金属球依然处于两个锡箔之间,使金属球带电,观察两个锡箔的反应。

生:外面的锡箔有反应,里面的锡箔没有反应。

师:这个现象说明什么?

生:金属笼可能对这种力有阻碍、隔绝的作用。

师:没错,这就是静电屏蔽现象。看来静电力的产生的确需要一种媒介来实现,而金属笼恰好屏蔽了这种媒介,因此,超距说不成立。我们把电荷周围存在的这种特殊的物质称为电场。它与磁铁周围的磁场是类似的物质。

这一问题的讨论中有两个小组形成了明确的观点。学生在认知上没有办法用事实举证,话题超越了学生思维能力范围时,如果还表现出愿意尝试去理解对方的观点,那么说明他们具备了一定程度的"心智开放"倾向。

4. 行——基于过程评价塑造行为

"心智开放"的行动成分是指在解决任何问题时均能避免主观臆断,注重反思自我、求真公正、开放理性,保持好奇的心态,用敏锐的头脑搜集可靠的信息。教师行为上需引导学生善于实证与反思,在提出每个观点时均应基于证据做出判断,组织观点讨论,从不同角度解释自己的观点,也能从不同角度理解别人的观点。

例如,"电荷的相互作用——电场"教学案例片段:电场的描绘。

本环节通过展示柳树在无风时、有左向微风时、有左向大风时、有右向风时的四张对比图片,让学生感悟:看不见风,但可以看见风产生的作用效果;可以通过"可见的作用效果"反映"不可见的场的有无、强弱和方向"。由此提出议题,展开讨论。

组1:我们的初始方案是在带电物体上方放玻璃,玻璃上撒铁屑。根据磁场对铁屑有力的作用而电荷对磁铁没有力的作用,又想到放沙子,但沙子应该不算轻小物体,后来大家认为应该在玻璃上撒上小泡沫球。

组2:我们的初始方案是直接在带电球边上挂好几个小泡沫球,但是发现小泡沫球可能都会被金属球吸引再排斥,分布可能就不正确了。因此也同意在玻璃板上撒上小泡沫球,但是又发现还不够小,不知道怎么改进。

组3:我们的初始方案是把带电体放在液体中,这样轻小物体的分布能均匀一些。有同学认为最好用导电液体,但由于导电液体会将静电导走,因此最后我们认为应该用绝缘的液体,让泡沫在液面上自由漂浮。再后来我们参考了教材,觉得还是用发屑比较好,足够小,并且可以分布在液体中,而不是漂在液面上。

在三组学生相互交流之后,最终他们相互理解了对方的观点,并统一了实验方案。

在这个过程中,几组学生在形成了自己的观点之后,能够反思自身实验的不足,并且能倾听理解其他不同的方案,最终达成观点的统一,优化了实验方案。这个过程本身就是比较成熟的"心智开放"倾向的表现。

总之,"心智开放"是个体反思自我、求真公正、开放理性的产物,是好奇的心态、敏锐的头脑,以及对理性的执着追求和对可靠信息的强烈渴求的表现。教师需要从自身的行为示范与例析、情绪唤醒与体验、习惯倾听与理解、善于实证与反思等方面,着手通过"知、情、意、行"的路径发展学生"心智开放"这一批判性思维倾向,直至稳定。

三、"心智成熟"倾向的培育路径

1. 知——基于物理学史启发认知

批判性思维中的"心智成熟"是指个体在面对问题时,具有主动自我反思、审慎做出判断的倾向。在中学物理学科领域可以概括为:学生在学习中遇到矛盾时,能够回溯学习过程,发现原因并进行修正;在问题解决中,不武断地下结论,寻找尽可能多的证据来支持论点。批判性思维中的"心智成熟"是需要的,物理学科发展就是一个去伪存真的过程,许多不成熟的判断会被遗忘或替代。在学习每一单元的知识之后,教师可以和学生一起回溯某一板块知识的渊源,使学生感受到审慎判断和自我反思在知识系统化中的重要性。

如图 6-8 所示,能量转化和守恒定律的发现凝聚了多个领域的科学家共同的贡献,不过历史上他们也走过许多弯路,也犯过不少错误。18 世纪人们设计了各式各样的永动机,但却没有人能真正制作出来。德国科学家迈尔认为生命体活动是一个能量转化的过程,并且用能量守恒定律解释了潮汐的涨落。他第一个提出能量转化和守恒原理,但却被一些著名的物理学家反对。这些观点不符合当时宗教文化的观念,他不断地被人们诽谤和讥笑,甚至被关进精神病院。最终焦耳在实验中证明了迈尔许多观点是正确的,人们从这惨痛的历史教训的反思中,逐渐确立能量转化和守恒的观念。如果当时人们的思维不是武断的,思想不是禁锢的,而是审慎包容地看待别人的观点,那么这些悲剧是可以避免的。

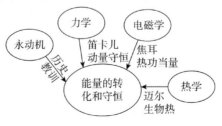

图 6-8

2. 情——基于真实情境激发情感

物理学科是一门严谨的学科,在形成某一个物理规律时,需要由诸多的实践来支撑。教师可利用这一环节让学生感知结论的得出是一个需要深思熟虑、不断改进的过程。若教师在概念和规律教学时,能够严谨地演绎和归纳,学生也就能充分地感知谨慎推理的重要性。在学习动能这一概念时,如果教师仅从几个简单的定性比较,比如质量越大的车可以将物体撞得越远,或是速度越大则撞飞物体更远,便得到了动能的表达式,那么这样的推理过程过于简单和武断,不利于学生"心智成熟"倾向的培养。"心智成熟"倾向要求严谨地审慎地做出判断,图 6-9 所示的教学过程更科学,论证过程更严谨。

图 6-9

① 提出问题:动能的大小跟哪些因素有关? 动能的大小如何表示?

② 定性分析:在质量相同时,物体的速度越大,动能越大;在速度相同时,物体的质量越大,动能越大。

③ 实验探究:用 DIS 研究动能大小的实验(见图 6-10)。

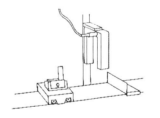

验证动能与 mv^2 成正比。

④ 理论推导:$E_k = Fs = mas = m\dfrac{v^2}{2s}s = \dfrac{1}{2}mv^2$。

图 6-10

⑤ 得出结论:动能大小的表达式是 $E_k = \dfrac{1}{2}mv^2$。

教师可以带领学生从定性分析到定量探究逐步发现动能的表达式。首先利用小球撞击木块,观察木块滑行距离反映出小球释放出的能量,来判断小球开始具有动能的大小;其次定量推理中可从实验探究和理论推导两个方面探索动能和质量与速度的具体关系。案例中教师强调科学的思维和论证过程,既让学生意识到科学论证的重要性,也使学生感受并学到了一些科学论证的方法。

3. 意——基于实际问题强化意志

知道怎么去做,又愿意去做,那么如果遇到困难,是否还愿意做下去? 这里所说的"意"就是意志,也是指一个人做某事的动机强弱。容易的事情即使意志弱一些也能完成,但面对困难的事情,只有个体增强动机下定决心才能完成。而学生做出判断和自我反思,往往是一个比较复杂的过程,此时需要教师给予激励强化意愿。在学生做到审慎地得出结论或对自己的结果主动自我反思时,教师需要及时发现并正面鼓励,这样学生将会在情感上认同心智成熟的外在表现;相反,当学生武断地下结论时,教师也要干预学生的行为,使学生也在情感上排斥盲目自大、不会反思的行为。

在探究共点力平衡条件的实验中(见图6-11),许多学生会发现合力的测量值 F 和理论值 F' 并不重合,教师可利用这个矛盾培养学生自我反思和审慎判断的倾向。教师可在学生实验展示交流环节讨论以下问题。

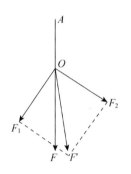

图 6 - 11

(1) 依据实验结果,能否得出合力和分力满足平行四边形定则的结论?

(2) 实验误差的来源可能有哪些?

(3) 为减小误差该如何改进?

(4) 在误差允许范围内,得到结论前,还有什么遗漏吗?

问题(1)(4)试图激发学生审慎做出判断的倾向,引导学生查找因果关系,对比证据和结论并运用分析和推理技能,最后谨慎地得出实验结论。问题(2)(3)试图激发学生主动自我反思的倾向,引导学生回顾实验过程找出错误和不完善之处,并尝试提出更好的替代方案。

4. 行——基于过程评价塑造行为

"行"就是在实践中将"心智成熟"的倾向运用到学习活动中去。行为的要求越高,同样对"知、情、意"要求也越高。在物理学习中,实验部分在独立思考和亲手操作上都有很高的要求,而探究性实验又需要学生经历发现问题、解决问题的全过程,同时探究性实验也能很好地锻炼学生的自我反思和审慎判断的能力。在实验探究中,实验结果出现的误差能够促使学生进行自我反思,在实验原理、实验器材、实验操作、数据处理方面寻找产生误差的原因,并积极地去提出替代方案;得出实验结论的过程,更需要学生依据现有的证据做出审慎的判断。

例如,在完成"探究电磁感应产生条件"的实验后,教师进行归纳总结:我们用三种方法得到了感应电流,请同学们总结一下,产生感应电流的条件究竟是什么。如果学生的答案是线圈内的磁场强弱发生变化,教师应肯定其以事实为依据的判断,同时追问:"线圈内的磁场强弱发生变化时,是否一定产生感应电流?"通过如图 6-12 所示沿特殊圆锥外曲面(圆锥曲面形状恰好沿着磁体的磁感线)移动闭合回路的实

图 6-12

验,使学生产生认知冲突:为什么线圈内的磁场变强,却没有产生感应电流?进而提出新的观点。如果学生的答案是闭合回路的磁通量发生变化,教师同样质疑:条形磁铁插入或拔出线圈,开关闭合或断开,滑动变阻器的滑动头,这三组实验中线圈内的磁场强弱都发生了变化,但并没有验证与线圈面积的关系,所以得出这个结论的证据是否充分?

表 6-5 电磁感应探究环节师生行为

探究主题	学生回答	教师行为	后续跟进
基于实验数据,产生感应电流的条件是什么?	闭合回路的磁场强弱(磁感应强度)发生变化	肯定学生的判断,通过追问引发学生产生认知冲突:磁场强弱改变一定会产生感应电流吗?	利用特殊圆锥曲面实验否定学生的观点,鼓励学生提出更合理的观点
	闭合回路的磁通量发生变化	要求学生解释推理的依据,并质疑:三组实验中线圈的面积没有发生变化,得出结论的证据是否充分?	引导学生设计实验来补充证据,以证明自己观点的正确性

四、"分析性"倾向的培育路径

1. 知——基于物理学史启发认知

物理学家对各类现象的研究过程都体现了其思维的"分析性",一般确立其观点后,需要给出相应的理由、推理过程,才能得出结论。例如人们关于色散的

研究起源于彩虹,雨后的彩虹呈现红橙黄绿蓝靛紫七种颜色。到了 17 世纪,人们在使用望远镜和显微镜观察物体时,总会在图像的边缘观察到颜色。这两者是否有联系? 这类现象满足怎样的规律?

牛顿在笛卡儿、胡克、玻意耳等人研究的基础上认为:不同颜色的光具有不同的折射性能。为了证明光的色散现象是由于不同颜色的光具有不同的折射性,而不是因为其他原因,牛顿设计了如图 6 - 13 所示的实验。他将三个完全相同的三棱镜依次按照图示位置和方向摆放,白光从右侧 O 点射入。牛顿分析,如果光的色散是由于光和棱镜的相互作用产生的,那么第二块和第三块棱镜将会使得这一分散性进一步加强。然而结果显示,白光经过第一块三棱镜后,分散为七彩色光,这些颜色的光经过第二块三棱镜后又重新会聚为一束白光,经过第三块棱镜再次分散为七彩色光。这表明,棱镜的作用仅仅是将白光分散为各种色光,或者将各种色光会聚为白光,而不会与光发生相互作用。

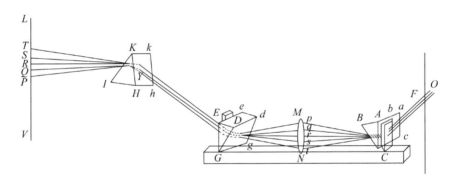

图 6 - 13

牛顿从别人的实验中意识到了不同颜色的光具有不同的折射性能,然后自己主动去设计实验,通过实验现象证明自己的观点,并得出合理的结论,体现出了他思维中强大的分析性。

2. 情——基于真实情境激发情感

教师在教学过程中,可以引导学生在真实情景中培养"分析性"倾向,在提问和回答过程中学会剖析问题,不断追问问题与条件的关系,寻找证据来证明判断。

针对某个概念要深究其来源和证据,培养学生的证据意识,培养其批判性思维的"分析性"。如"分子热运动"的概念,学生对此并不陌生,初中阶段就接触过类似的知识,在学生的认知体系中,组成物质的大量分子都在运动。教师很少引导学生对此进行探索,学生也只是记住了相关知识点。

就分子热运动而言,扩散现象就是对分子运动的直接反映。如墙角处堆放一堆煤,一段时间之后,即便是把煤清理掉,墙角还是黑色的;如果用砂纸去打磨掉墙壁的表层,会发现黑色的物质已经渗入墙壁中。这直接对应扩散的概念:一种物质进入另外一种物质的现象。这属于直接证据。

教师要引领学生区分一个事实,那就是扩散不是外力影响的结果。比如在讲台上打开一瓶香水,整个教室里都会有香水的香味。对这一现象的分析必须将气流的影响排除在外,即在实验的过程中教师要确保教室门窗紧闭,且人员位置相对固定,不会因为人员行走而造成气流。

建立热运动的概念时,仅仅只有一个扩散现象是不够的,还应该有间接证据的获取,即"布朗运动"。其观察对象是悬浮在液体中的小颗粒,这些小颗粒最初是花粉颗粒,而布朗本人在看到有关现象后,也怀疑这是否为生命物质的相关现象,因此后来使用了无机物粉末进行实验。这一循序渐进的过程可以让学生逐步认识探索的程序,并确认布朗运动并非生命现象,而是一个相对普遍的现象,是液体分子对粉末颗粒碰撞作用不平衡的结果。这属于间接证据。

3. 意——基于实际问题强化意志

问题是思维的源泉,高水平的问题可以提升知识理解的深度和思维的全面性。因此,实际问题可以作为证据意识培养的载体,强化学生的"分析性"倾向。在中学物理教学中,提倡引导学生提出问题,这是分析和解决问题的前提和基础。在物理教学中,教师引导学生对教材观点质疑追问,养成搜集更有效和更可靠的证据的习性,帮助学生锤炼"分析性"倾向。

以大气压强的教学为例,教师先通过演示覆杯实验引入新课,将纸片覆盖在空的玻璃杯口,当杯子倒转过来后,提问学生:将手移开后,纸片是否会掉落?根据生活经验,学生会异口同声地回答"会"。松开手后,纸片果然掉落,请学生分析纸片落下的原因,学生很容易给出答案:"纸片受到自身重力的作用下落。"

再将纸片覆盖在盛满水的杯口,将杯子倒转后请学生猜猜看:松开手后,纸片是否会下落?部分预习过的学生会说"不会掉落",其他学生会陷入疑惑:为什么不会掉落?教师演示松开手,纸片果然没有掉落。在学生震惊和疑惑时,请他们思考:你觉得纸片没有掉落的原因是什么?

观点1:纸片是被杯子里的水粘住了。

反驳证据:在水杯中装半杯水,多次重复实验,每次纸片都会掉落,可见不是水粘住了纸片。

观点2:大气将纸片托住了。

寻找证据:利用反证法——如果没有空气,纸片是否会掉落?

利用图6-14所示实验装置现场演示实验,或者播放实验视频,可以看到,随着玻璃罩内的空气被抽出,纸片掉落。多次重复试验,均得到同样的结果。可见,确实是大气的作用使得纸片被托住不掉。

4. 行——基于过程评价塑造行为

当学生逐步具有了分析的意识,就会跟随教师进行有意识的分析性训练,对潜在的问题保持警觉,形成质疑的心态,习惯寻找证据。教师可以在学生的自主探究过程中正面引导、积极评价,培养学生的"分析性"倾向,引导学生在自主活动中发现问题,尝试分析问题,寻找证据解决问题。

以牛顿第二定律的实验教学为例,在处理数据时,验证加速度与质量成反比、加速度与力成正比的方法有哪些?是否一定需要通过作图才能得出结论?能否通过多组数据联立方程求解呢?作出的 $a-m$ 图像是一条曲线,是否一定要作 $a-1/m$ 图像才可以得到它们的反比关系呢?如果直接利用 $a-m$ 图像拟合反比函数关系,你觉得和作 $a-1/m$ 图像相比各有什么优缺点?

当作出的 $a-1/m$ 图像如图6-15所示,你觉得可能的原因是什么?学生讨论后认为原因是钩码的质量太大。检查所用的实验器材,你是否认同这个说法?你觉得钩码的质量和小车的总质量相比,达到多小才可以认为是足够小呢?你能否对课本上的实验设计做出改进,直接测量出拉力的大小?画出你的实验装置图,请说明你的实验设计与课本上的范例相比的优点。通过探究,引导学生批判,让学生明白"话出有据",唤醒证据意识,培养"分析性"倾向。

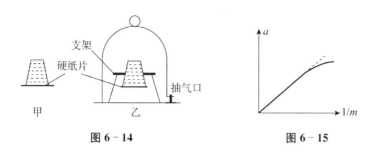

图 6 - 14　　　　　　　　　　图 6 - 15

在上述案例中,对于实验中出现的问题,教师不是裁判,简单地给出"正确"或"错误"的结论,而是带领学生一起,通过不断追问和质疑,在不同的实验方案中学会对比,提升分析和解释的能力。

五、"系统性"倾向的培育路径

1. 知——基于物理学史启发认知

当我们能够有序地处理复杂问题时,我们的批判性思维中的"系统性"倾向就清晰地体现出来了。

各个领域的科学家就是通过研究力、热、光、电、磁等自然现象之间的联系,发现了能量守恒和转化定律。想象一下,如果那么多科学家没有系统性思维,那么各个学科就只是一个个孤立的个体,能量守恒和转化定律就很难被发现了。

在物理学发展的历史中,有很多物理学家通过系统思考来处理复杂问题的例子。比如牛顿,在总结了伽利略、开普勒、笛卡儿、惠更斯、胡克等物理学家研究成果的基础上,首次创立了一个地面力学和天体力学统一的严密体系,成为整个经典力学的基础,实现了物理学史上第一次伟大的综合。从科学方法论的角度看,哥白尼提供了考虑问题的一种规范,第谷提供了实测数据,开普勒提供了经验公式,伽利略和惠更斯则提供了概念和方法,而牛顿则把它们融会贯通,形成了一个完整的、统一的大体系。

在 18 世纪,人们对物理现象的研究是孤立和分散的。到了 19 世纪,科学研究从分门别类的研究转入以系统为主的研究,研究事物的演化、进化、相互联系、相互转化成为研究的主要方向,人们逐渐看到了一幅以系统的形式描绘出的物理世界的清晰图画。

如麦克斯韦综合了库仑定律、安培力公式、电磁感应定律等经验公式,运用他超强的数学能力,得出了麦克斯韦方程组,提出了电磁场理论,预言了电磁波的存在,认为光是一种电磁波。他把互相独立的电学、磁学、光学三者完美地统一起来。由以上例子,可以强烈地感受到系统性思维对我们认识事物和处理问题起到了关键的作用。

2. 情——基于真实情境激发情感

在课堂教学中,教师可以讲述物理学家在研究过程中的各种史实,带领学生从中感悟物理学家们的系统性思维。

例如,王贻芳是我国实验高能物理学家,长期从事高能物理实验研究。在中微子研究方面,他是大亚湾实验方案的主要提出者,领导完成设计、建设与研究;提出并领导了江门中微子实验。在正负电子对撞方面,他领导了北京正负电子对撞机上新的北京谱仪的设计、建造及前期的研究。

王贻芳在接受《人物》采访时表示:大亚湾中微子实验室是他的第二个提案,这个实验从提出设计到第一次取数成功花了10年,反对声贯穿了10年间的每一天。反对的顶峰发生在最初的谈判桌上,美国能源部提出投资几千万,但是实验用谁的方案,这件事要谈。在香港大学的会议室,王贻芳一个人,美国代表十几个人。当时王贻芳组织团队做了方案设计和计算,连系统误差都算得很细,得出了最优解,应该造3个站点,8个探测器,每个20吨。美方代表全程反对王贻芳的提案,他们拿出来六个方案;王贻芳只有一个方案,一个经过缜密计算、反复核查的唯一解,各种本底、山的形状模型,每种原材料价格浮动会如何影响总造价等都考虑进去了。

谈判谈崩了,僵持一年后,美方做出了让步,撤掉了美方负责人,放弃了自己的实验方案,派出了100人参加中方实验。大亚湾实验最终在2011年底正式开始,55天取数后就测量到中微子混合角 θ_{13}。这是中国科学家第一次为物理学贡献了一个基本参数,是"中国有史以来最重要的物理学成果"。

王贻芳做事的时候有一个独有的习惯,他总是先帮那些反对他的人解释。有些事情,他是在反对的过程中想通的。在发现希格斯粒子后的一次战略讨论会上,物理学家的热情都很高,其间有人提问:"新建一个希格斯工厂,有什么不可以?"王贻芳反驳他:"建希格斯工厂难度高,工程大,造一个隧道就做那么一种对撞,这钱花得亏得慌。"就在反对的过程中,王贻芳突然明白过来了,如果做一个环形对撞机,先做电子对撞,再做质子对撞,相当于一个隧道用了两次,这不就不亏了吗?

学生在聆听这些真实故事的过程中能够感受到物理学家在思考问题时体现出的系统性思维——他们从各个方面考虑问题,从正反两个角度考虑问题;也能感受到如果没有系统性思维,很多定律理论就无法得到,我们对世界的认识可能会更加模糊不清。让学生自己从物理学家的各种事迹中寻找系统性思维的存在,让他们自己发现、自己感悟,从而增强学科情感。

3. 意——基于实际问题强化意志

学生在了解了什么是思维的系统性以及感受到了系统性思维的重要性以后,如何强化呢?可以在学生提出问题时,用心聆听,细心挖掘问题中包含的系统性思维,并加以肯定,让学生能够意识到自己有进行系统性思维的能力。

比如,学生在学习了天然放射现象后,问了一个问题:卢瑟福通过 α 粒子散射实验提出了原子核式结构模型,是不是比贝克勒尔发现天然放射现象时间要晚?因为他觉得,贝克勒尔发现天然放射现象后,人们才会去研究射线是什么,才会知道 α 射线是什么,卢瑟福才会使用 α 射线来做实验。

在学到水波的干涉现象时,学生质疑:水波是横波还是纵波?如果水波是横波,那么应该只能在固体中传播,怎么会在水中传播?如果水波是纵波,那么应该是有疏部密部,怎么会有波峰波谷?

还有学生在学习密立根油滴实验的过程中,对密立根处理实验数据使用的是最大公约数提出疑问:密立根是怎么想到找实验数据的最大公约数,而不是其他公约数呢?有些学生在做完练习题后,还能发现练习题中存在的问题,或是进行延伸思考。

学生还对图 6‐16 所示情境提出问题:图中 P 点处有一细钉,小球从 A 点(与 O 点等高)以一定的初速度向下开始运动,恰能运动到 O 点,有没有可能小

球到了比 P 点高的位置,绳子松了,做斜抛运动通过 O 点呢?

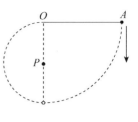

图 6-16

从以上学生提出的问题中可以发现,他们其实正在进行系统性思考。他们不是只关注孤立的一个又一个知识点,不是只把它们记住,而是思考知识点和知识点之间的联结,把知识点串成严密的逻辑线;或是把知识点和知识点进行对比,获取更完整的知识系统;或是把知识点进行延伸,开阔思路;抑或是与其他学科结合来解决物理问题。

所以教师一定要耐心倾听,细心挖掘,及时肯定,不错过任何一个强化学生系统性思维的机会。

4. 行——基于过程评价塑造行为

在教学过程中,我们可以通过多种方法来落实系统性思维培育。

如图 6-17 所示,足够长的斜面与水平地面之间的倾斜角为 37°,质量为 2 kg 的物块静止在斜面底端,在平行于斜面向上的外力 $F=24$ N 的作用下沿斜面向上运动,经过 2 s 后撤去拉力 F。物块与斜面间的滑动摩擦系数为 0.25,且最大静摩擦力可以近似等于滑动摩擦力。求:

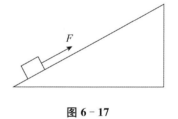

图 6-17

(1) 物块在斜面上向上滑行的时间。

(2) 上行过程中撤去 F 前后物块受到的摩擦力的做功之比 k。

(3) 在 x-t 图像中画出减速阶段的图线($t=0$ 时,物块在 $x=0$ 处)。

(4) 分析说明为什么物块动能与势能相等的位置仅出现在物块沿斜面下滑的过程中,并求出该位置离斜面底端的距离 L。(取斜面底端为零势能面)

解决这个问题,要求学生能够分析清楚每一个运动过程,对每一步过程的受力、运动、能量的关系都十分清晰,同时具备把过程转化为图像的能力。学生解决问题的过程,就是把系统性思维落实到行动上的过程。

在教学过程中,我们也可以通过一系列问题,让学生在思考作答的过程中,把系统性思维落实到行动上。如什么是理想模型？为什么需要理想模型？哪些是理想模型？

在章节学习结束后，学生可以通过完成思维导图把系统性思维落实到行动上。学生在绘制思维导图的过程中，把各个知识点串了起来，也厘清了其中的因果关系等。

课后进行研究性学习的过程，也是不断把系统性思维落实到行动的过程。学生在选择课题、分析课题、设计方案、模拟实验、采集数据、分析误差以及获得结论的过程中都需要进行系统性思考，并转化为行动。每一个研究过程都是一次系统思考的过程，更是把系统思考倾向落实到行为上的过程。

六、"自信"倾向的培育路径

1. 知——正确认识"自信"及其价值

正确的认知是行动的开始。学生首先要对批判性思维中的"自信"有正确的认识，了解"自信"在批判性思维中的含义，并认识到自信对形成批判性思维的意义。一个没有自信的人是不敢对已有的观点进行批判的，他只会被动地接受来自书本和权威的知识。因此，"自信"是批判的前提。

教师可以通过介绍物理学科史带领学生去认识"推理"的强大力量，从科学家的探索经历中感悟对推理能力的自信的重要性。比如伽利略通过"斜面理想实验"得出了"维持物体运动不需要力"，从而推翻了亚里士多德提出的"力是维持物体运动的原因"这一统治了人类思想将近两千年的论断。伽利略的"斜面理想实验"并不是真实的实验，但伽利略以可靠的事实为基础进行了合理的推理，从而揭示了力和运动的真正关系。可以说，物理学的每一个发展都离不开科学家对自己推理能力的自信。教师提供给学生丰富的案例可以有助于学生认识自信的价值，形成对推理自信的正确认识。

2. 情——积极情绪和宽松氛围激发自信

根据心理学中自我效能理论，个体的生理状态的反应也会影响个体对自我能力进行评价。学习中的焦虑、疲劳、压抑等情绪会导致个体的无能感不断加强,从而降低自我效能感;反之,镇定、自信的情感则有利于形成和提高自我效能感。另外,宽松愉快的学习氛围也有利于学生形成良好的自我效能感,当个体进入陌生的易引起焦虑的环境时,则会妨碍自我效能感的形成。

教师应当在教学中创设一种和谐平等的交流环境,给予学生充分的尊重和鼓励,帮助学生形成积极的心理环境,以激发他们的自信。

比如,教师在讲解习题时,学生常常会提出自己的解法。

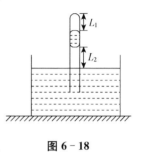

如图 6-18 所示,一端封闭的玻璃管,开口向下竖直插在水银槽里,管内封有长度分别为 L_1 和 L_2 的两段气体。若把玻璃管缓慢向上提起,但管口不离开液面,则管内气体的长度(　　)。

图 6-18

A. L_1 和 L_2 都变小　　　　B. L_1 和 L_2 都变大

C. L_1 变大,L_2 变小　　　　D. L_1 变小,L_2 变大

教师给出了一种典型的解决方法——假设法,其推理过程如图 6-19 所示。

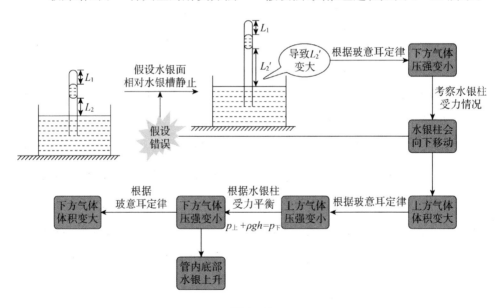

图 6-19

有学生提出还有更简单的推理方法。

如图 6-20 所示,根据稳定前后水银柱的平衡状态可知,上下两部分气体的

压强变化量是相等的,那么可知只有两种可能情况:两者的压强都增大相同值或者都减小相同值;但是若压强都增大,则体积都会减小,下方液面会上升,所以下端空气柱压强会减小,前后发生矛盾。由此可知只有一种可能,即两端气体的压强都减小,体积都增大。

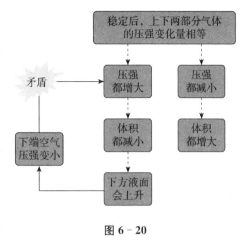

图 6 - 20

学生的这种方法的确要比教师的更加简单易懂。中学生思维活跃,常常能提出与教师不一样的想法。如果教师能够不断地去发现学生的优点,并进行有针对性的鼓励,那么学生一定会更加自信,更加勇敢地去探索、去质疑、去发现。

3. 意——坚持对自己推理能力的自信

学生了解了自信的意义,也想努力成为一个自信的批判性思维者,但是面对书本、教师等权威的时候,学生很可能就会对自己的推理表现出不自信。比如我们可能都遇到过这样的情况,上课提问一名学生,期待他和同学们分享一下对问题的看法时,不少学生会一开始就说:"我可能错了。"面对需要在同学面前展示自己时,学生也许刚才埋头思考的时候对自己还是很有信心的,但是一站起来就胆怯了。再比如说,遇到练习题中未标注是多选,但其实有多个正确答案的时候,很少有学生会自信地写上多个答案。另外,也很少会有学生对书本上的问题提出挑战。这些都是因为学生"自信"的意志力不强。教师在教学中应当让学生不断体验推理的成功,从而强化学生对自己推理能力的自信。

4. 行——实践中不断强化自信

根据自我效能理论,学生自身行为的成败经验是影响学生学习自我效能感的主要因素。因此教师要尽可能多地增加学生成功推理的经历,让学生获得自信。学生要能经历成功推理,必然要具备相应的能力。能力的习得不是天生的,需要教师的有意培养。

比如,在学习"原子的核式结构"时,教师可以这样设计:在学习了汤姆孙的葡萄干蛋糕模型之后,让学生先预测一下,根据汤姆孙的理论,如果用 α 粒子轰击很薄的金箔会得到什么样的结果。接着呈现卢瑟福的实验结果,让学生发现预测与结果有矛盾,然后引导学生寻找两者矛盾的原因,提出基于实验事实的猜想,最后揭示核式结构模型。

师:卢瑟福通过实验发现,绝大多数 α 粒子穿过金箔后几乎不偏转,只有约 0.14% 发生较大角度偏转,约 0.0125% 发生大角度偏转,个别甚至被弹回。受到影响的粒子这么少,这个证据能不能说明原子里面像汤姆孙说的那样填充着带正电的物质呢? 你觉得原子内部是怎样的呢?

生:我觉得原子内部应该几乎是真空。

师:为什么这么说?

生:因为绝大多数 α 粒子不偏转,不就好像它们穿越了真空一样吗?

师:那么带正电的物质又是怎样的呢?

生:集中在一个很小的点上。

师:为什么?

生:因为只有带正电的物质集中在一个很小的点上,才能让出原子内部的空间来啊!

师:卢瑟福的想法和你的一样!

教师通过难度适中的问题引导学生进行推理,先根据理论做出预测,再根据实验对预测进行分析,基于证据修正原先的理论。如果学生经常能经历这样的过程,体会到运用推理发现知识的力量和快乐,那么学生自然会不断增强对自己的推理能力的自信。

此外,教师还可以从这几个方面去强化学生的自信:

(1) 积极肯定学生的每一次质疑。

(2) 鼓励学生对问题提出不同的看法。

(3) 鼓励学生发现书本上的错误。

(4) 鼓励学生发现习题中的问题。

(5) 引导学生关注知识形成过程中的逻辑链。

(6) 引导学生归纳物理学研究问题的思路。

（7）启发学生从不同角度分析问题。

自信能力的培养和倾向的养成不是一朝一夕的。教师需要在日常的教学中通过点点滴滴的言语和行为慢慢滋养学生，促进学生形成比较稳定的心理状态，才能使学生在学习中表现出对自己推理能力的自信。

七、"好奇"倾向的培育路径

1. 知——基于物理学史启发认知

在物理学的发展史中，无数的旧观点被推翻并被新观点取代，这些新观点都是物理学家们在对旧观点的不断质疑、验证中得出的，每一次质疑都离不开物理学家们的好奇心。因此在课堂教学中融入物理学史的教育，以讲授、阅读、观看视频、演说等形式介绍物理学史上人们对客观规律认识的发展以及物理学家的逸闻趣事，激发好奇心，启迪科学思维，能使学生认识到当下所学的知识不是终点。好奇心的激发往往是新认知建构的开始，也是科学态度和科学方法、科学责任养成的催化剂。

1820 年奥斯特发现电流的磁效应之后，很多科学家也都在好奇心的驱使下思考"既然电能生磁，那么磁能不能生电"的问题，并为此积极探索。1825 年瑞士物理学家科拉顿（J.D.Colladon）把磁铁插入闭合线圈试图观察是否会产生感应电流，却因为"为避免磁铁对电流计的影响把电流计放在了隔壁的房间"这一方案，在两个房间奔波之际错失了观察到电磁感应现象的机会。法国物理学家阿拉果（Arago）和德国物理学家塞贝克（Seebeck）也分别观察到了电磁阻尼现象，但因为无法对实验做出解释，没有找到问题的实质。但这些实验都引起了法拉第的注意，他把这些实验一一重复了一遍，虽然仍无法给出明确的说明，却坚定了他"磁生电"的信念。从 1824 年到 1828 年法拉第又多次进行了电磁学实验，想寻找导体中的感应电流，他想既然电荷可以感应周围的导体使之带电，磁铁可以感应铁磁性物质使之磁化，为什么电流不可以在周围导体中感应出电流来呢？就是这份好奇心的坚持，他终于在 1831 年取得突破性进展，发现了电磁感应现象。

2. 情——基于真实情境激发情感

挖掘自然现象、生活实例、科学实验等资源中蕴含的物理现象为学生创设真实的情境,在原有认知基础上激发学生认知冲突,增强学生的好奇心。物理规律中的一些规定并不是强制性的,只不过是前人约定俗成的规则,教师可以鼓励学生积极创新、敢于尝试、制定新的规则。

比如在探究磁场力方向与磁场方向和电流方向的关系时,可以利用三维模型将 F、B、I 三者的关系形象化。

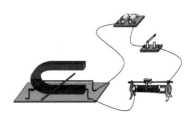

图 6 - 21

如图 6 - 21 所示,通过改变磁场、电流方向,多次实验,记录每次实验的磁场方向、电流方向、磁场力方向,见表 6 - 6。

表 6 - 6　电流在磁场中受力的实验数据

实验序号	磁场方向	电流方向	磁场力方向
1	↑	⊙	←
2	↑	⊗	→
3	↓	⊗	←
4	↓	⊙	→

教师首先请学生根据表格记录情况总结出磁场方向、电流方向、磁场力方向三者的关系。由于表格比较抽象,学生会比较难得出结论,在此第一次激发学生的好奇心。接下来教师拿出 4 个立方体的塑料泡沫块和 12 个彩色箭头(3 种颜色,每种颜色 4 个),一种颜色分别代表一个物理量,请四名学生分别根据四次实验结果将塑料箭头插入塑料泡沫块,如图 6 - 22 所示。教师再请学生观察塑料泡沫上三个箭头方向的共同点并总结出三者方向的关系。此时三者相互垂直的关系逐渐明朗,但是由于四个塑料泡沫上箭头指向不一致,学生未必能一下子发现四个塑料泡沫上箭头指向其实在空间关系上是一样的。最后教师随意指定某个学生手上的塑料块,请另外三名学生将各自手中的塑料块转成与该名学生的塑料块上的朝向一致。最终让学生发现四次实验的结论其实是一模一样的[如

图 6－22(e)所示],总结得出实验结论,确定三者的关系,学生的好奇心得以满足。这个过程中鼓励学生用自己的其他方法来表达,获得成就感,然后教师对其成功提出赞赏,从而让学生获得愉悦的情感体验,强化"好奇"这一倾向。

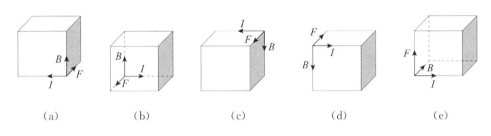

(a)　　　　　　(b)　　　　　　(c)　　　　　　(d)　　　　　　(e)

图 6－22

3. 意——基于实际问题强化意志

思维大多是从疑问和惊奇开始的。学生在学习过程中受到自身知识和能力的限制,有时候心中对新知识充满好奇,但是又没有足够能力提出值得进一步探究的问题,这时候就需要教师及时介入引导。教师在授课的过程中,可以通过系列有效追问,铺设思维台阶,激发学生的问题意识,强化学生的好奇意志。然而有时候学生对一些现象会有"自然而然"的想法,认为这是肯定会发生的,所以对一些问题就不会产生兴趣。这时候教师可以变换问题方式,根据问题的对立面设置反问,从而激发学生兴趣。

比如,在学习万有引力时,教师引入牛顿发现万有引力的故事。牛顿坐在花园里的苹果树下,看到一个苹果从树上掉下来,牛顿感到很困惑:苹果为什么没有飞上天空,而是落到地面上呢? 如果苹果树长得足够高,苹果是不是也会下落呢? 他认为无论苹果树是高还是低,苹果都会落回地面,这与苹果树的高度无关。不管是苹果还是梨子,树上的水果都会下落,这是毋庸置疑的,所以学生往往不会对这些问题产生兴趣。这时教师可以设置反问:如果苹果长在同月亮一样的高处,一定还会落到地面上吗? 如果会,那么月亮为什么不落回地面呢? 月亮是不是很像一个大苹果呢? 很少有学生会思考月亮为什么不落回地面,这样就出其不意地引出万有引力。

4. 行——基于过程评价塑造行为

好奇心要能有稳定的、持久的表现,除了对未知有强烈的探索欲望外,更关键的是好奇心需要得到正确的评价。每当学生有奇思妙想、脑洞大开的时候,只要条件允许就尽可能地为学生的这份好奇提供实践的途径,对好奇的想法进行验证,并对学生的探索过程及时给予肯定,通过过程性评价塑造学生将好奇落实为行动的特质。

比如在学习机械波的干涉现象时,教师往往会以水波为例向学生展示横波的干涉现象。学生在观察到水波的干涉图样后都会被深深吸引并震撼。然而机械波除了横波以外还有纵波,却从没见教师演示过纵波的干涉。如果学生提出来纵波的干涉现象是怎样的,那么教师不仅要给予充分肯定,还要创造条件和学生一起验证。教师可以提前准备两个音箱,将两个音箱调成相同频率的声源(借助电脑软件可以实现),让学生在听觉上感受空间有些地方声音响,有些地方声音弱,并在相应的位置做好标记,最终观察分布的情况。两列波干涉的必要条件是两列波的频率相等,这个很容易演示。但是如果学生提出两列频率不相等的波叠加会产生什么现象,教师往往只有言语解释,鲜有实验证明,学生的好奇心也难获得满足。这时教师可以再把两个音箱的声源频率调成不一样,让学生体会到同一位置的声音强弱会变化,说明振动加强或减弱区域是不稳定的。这样教师通过预设来促进学生好奇心的生成,满足学生对好奇心所引发的更丰富的体验和更全面的认识。

第七章　培育批判性思维的
课堂教学策略与方式

教师培育学生的批判性思维主要是在课堂教学中完成的,本章通过具体的案例介绍在课堂教学中培育学生批判性思维的课堂教学策略与方式。

第一节　培育批判性思维的教学策略

一、重点做好课堂预设

课堂教学是一种有目的、有意识的教育活动。课堂预设是指教师在课前对自己的教学有一个清晰、理性的思考和安排。一节好课,必须有全面、细致的预设。通过课堂教学培养学生的批判性思维,教师必须对教学内容、方法、策略进行针对批判性思维培养的预设。一般来说,教师可以从以下几个方面进行思考:

1. 本节课中批判性思维培养的落脚点

教师要深入挖掘教学内容中蕴含的批判性思维素材,比如某个定义的由来、某个概念的形成、某个规律的得出,在充分理解所教授的内容的基础上,找到批判性思维技能培养的落脚点,设计出激发学生批判性思维的问题。一节课中,可以重点针对某一种批判性思维技能进行设计,也可以整合多种批判性思维技能。比如,在学习"牛顿第三定律"时,可以对"作用力与反作用力总是大小相等、方向相反、作用在同一直线上"中的"总是"进行深入挖掘:对于不同性质的力都是这样吗？物体处于任何运动状态时都是这样吗？

2. 本节课拟采取的学习活动形式

在明确了"学什么"之后，需要考虑的就是"怎么学"。针对不同的教学内容和不同的批判性思维技能培养目标，教师要选择合适的教学形式，例如问题探究式、对话互动式、自省反思式等。比如实验是得出物理规律的一个重要的途径，也是课堂中激发批判性思维的重要契机，日常实验教学中会发现不少实验数据不符合前期预设，此时既可以采取自省反思式教学形式帮助学生对自己的观点进行批判，也可以采用对话互动式教学形式引导学生对他人的观点进行批判。

3. 学生可能的表现

在预设中，非常重要的一个内容就是学生可能的回应，包括对问题的回答、实验的结果、活动的参与性等，这是教师重点要预设的方面，也是预设的难点。要形成比较充分的预设，教师必须在平时教学中注意积累学生的思维习惯、行为习惯等特点，根据自己掌握的信息进行合理的预设。在每一次教学活动之后，及时对预设进行反思，也能帮助教师更好地提高预设能力。

4. 学生可能遇到的困难

教师要充分考虑到学生在学习过程中可能遇到的困难，并且预设好能够提供的"脚手架"。"脚手架"包含拆分问题帮助学生思考、提供必要的相关学习资料、提供案例供学生模仿、提供示范等。当学生遇到困难时，给予适切的关心和鼓励，有助于形成良好的学习氛围，激发学生批判性思维的意志力。

二、灵活把握课堂生成

课堂教学的主体是学生，学生的状况是不断发展变化的。因此，教师不可能完全按照预设进行教学。课堂中，总会存在一些不可预知的发展，我们通常称之为"生成"。一节好课，必然会出现一些精彩的生成，并且能被教师及时把握并转化为教学资源。

课堂中可利用的生成主要有：

1. 学生的主动提问

具有批判性思维能力的学生常常会自觉地对学习内容进行批判性的思考。比如在学习电流时,学生对课本上的插图提出疑问:"外加电场后,金属中电子做定向移动,那为什么书上的图中电子还是向四面八方运动?"教师不用马上进行回答,可以把问题抛给其他学生,引导学生一起进行思考,决定是否相信书上的配图,借此契机增强"自信"。

2. 学生的一题多解

习题课上,不少学生会在教师给出一种解法后提供另外的解法,这也是培养批判性思维的资源。教师可以带领学生分析、比较各种解法的优缺点、局限性,从而促进学生的"心智开放"。

3. 学生的实验数据

中学物理学习中,很多规律的得出是基于实验研究的。在学生实验活动中,有不少学生的实验数据与理论值存在偏差,出现这种情况时,教师应当启发学生科学地看待偏差,从实验原理、实验操作、数据分析方法等各个方面对实验过程进行反思,让学生对自己的实验过程进行批判性思考,发现误差产生的原因,形成对规律的全面、深入的认识,加强"反思"。

4. 教师的错误演示

有时候,教师在演示实验时进行了错误的操作,导致了意想不到的结果,或者教师在演算一个题目时,不小心出现了错误,教师就可以把这些问题转变为批判性思维培养的资源。

教师如果能够及时地捕捉到课堂动态生成的批判性思维资源,那么必然能把学生的思维推到一个更深的层次。

生成,离不开科学的预设;预设,是为了更好地生成。一节好课必然包含科学的预设和精彩的生成,一节培养批判性思维的物理课也必然包含这两者。

第二节 培育批判性思维的教学方式

一、问题探究式

科学研究始于问题。探究式学习是学生在教师的引导下像科学家一样发现问题、实验操作、开展调查、收集处理信息、表达交流,自主寻求或自主建构答案、意义、信息或理解的活动或过程。物理课堂教学中,教师经常引领学生围绕一个科学问题进行探究,这一活动过程也是培养批判性思维的过程。

例如"探究产生感应电流的条件"一课。

问题:产生感应电流的条件是什么?

活动:尝试各种操作使副线圈中产生感应电流,对感应电流的产生条件进行归纳。

学生根据自己不同的操作,可能会得出不同的结论。

证据1:将磁铁(或通有电流的原线圈)插入或拔出副线圈时,有感应电流产生,如图7-1所示。

结论1:磁场运动时,有感应电流产生。

证据2:磁铁(或通有电流的原线圈)保持静止,而副线圈运动时,也有感应电流产生。磁铁(或通有电流的原线圈)和副线圈一起运动时,没有感应电流,说明结论1要修正。

结论2:磁场与线圈发生相对运动时,线圈中有感应电流产生。

图 7-1

图 7-2

证据3:保持原线圈和副线圈相对位置不变,原线圈的开关在闭合、断开的瞬间,或者滑动变阻器滑片滑动时,副线圈中有感应电流产生,如图7-2所示。说明结论2要修正。

结论3:磁场发生变化时有感应电流产生。

证据4:铝棒沿着导轨在磁场中移动,磁场并没有发生变化,但是有感应电流产生,如图7-3所示,说明结论3要修正。

结论4:闭合回路包围的磁感线的多少发生变化时有感应电流产生。

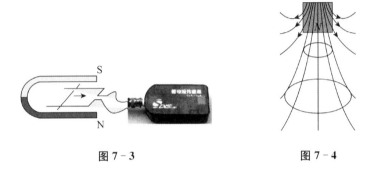

图7-3　　　　　　　　　　　　图7-4

证据5:特制一种演示仪,演示仪内装有一根条形磁铁,外表面与条形磁铁磁感线重合,当软导线贴着演示仪表面运动时,回路中没有感应电流产生,如图7-4所示。

结论5:闭合回路包围的磁感线的多少没有发生变化时不会有感应电流产生。

总结:感应电流产生的条件是"穿过闭合回路的磁感线的多少发生变化"。

在问题探究过程中,当某同学发言时,其他同学需要对他的证据、论证和结论进行评估:

(1) 他的实验现象和我的一样吗?

(2) 我的实验现象可以作为他的结论的证据吗? 还是推翻了他的结论?

(3) 他的结论和我的结论一样吗?

(4) 他的实验现象可以作为我的结论的证据吗? 还是推翻了我的结论?

(5) 他的推理严密吗?

学生陈述自己的实验操作,说出自己的发现和结论,接受来自其他同学的质疑,为自己的结论进行辩护。学生在与同学的对话中,不断修正自己对产生感应电流条件的认识,在同学和老师的提问中,不断进行新的操作,发现问题并尝试解释。

二、对话互动式

对话是课堂教学中的一项重要活动。课堂中的对话包含生本对话、生生对话、师生对话。教师可以根据教学内容的特点灵活选取、组合多种对话方式,在对话中引导学生进行批判性思考,提升学生的批判性思维能力,养成学生的批判性思维倾向。

例如"牛顿第三定律"一课。

1. 生本对话理解文本

学生阅读课本,知道牛顿第三定律描述的是一对作用力与反作用力之间的关系,理解牛顿第三定律的含义,找到关键词"总是""大小相等""方向相反""在同一直线上",寻找文本中提到的证据。

课本中提供了这样一个实验:将两个弹簧测力计互拉,保持静止,通过观察两个弹簧测力计的示数,发现作用力与反作用力是"大小相等"的,通过受力分析,发现是"方向相反""作用在同一直线上"的。

2. 师生对话评估证据

通过小组讨论和实验的形式,评估已有证据的强度。教师指导学生注意归纳法的特点。学生分别提出以下观点:

生1:我拿桌上的弹簧测力计也做了一下这个实验,结论一样,说明原来的实验是可重复的,结论是可信的。

生2:这个实验只证明了一对弹力之间的关系,没有研究摩擦力、磁力、电场力、万有引力,所以不能就此得出"总是",证据强度较弱。

生3:这个实验只证明了静止状态下是这样的,没有研究物体处于加速或减速状态下会怎样,所以不能就此得出"总是",证据强度较弱。

针对学生的观点,教师提议利用实验室里已有的器材,分组进行进一步的研究,寻找更多的证据,见表7-1。

表 7-1　作用力与反作用力研究实验数据

研究一对磁力	研究一对摩擦力	研究一对压力	研究一对变化的弹力
观察两辆固定有磁铁的相同小车的运动方向和运动快慢	观察当电动小车 B 运动时,A 板的运动方向	观察铁块浸入水中后弹簧测力计和台秤的示数	观察两个力传感器在运动过程中示数的关系
发现:两辆小车运动方向相反,运动一样快	发现:当电动小车 B 向左运动时,A 板向右运动	发现:铁块浸入后,弹簧测力计减小的示数等于台秤增加的示数	发现:在误差允许的范围内,两个力传感器的示数时刻相等

3. 生生对话解释交流

借鉴 IYPT(International Young Physicists' Tournament,国际青年物理学家锦标赛,简称 IYPT)的模式,让每组学生进行简短汇报,交流自己的实验过程、结果、反思,然后由其余小组继续提出疑问。

学生分别提出以下问题及解决方案:

第1组实验,由于小车轮子只能前后滚动,因此该实验并不能证明作用力与反作用力"方向相反"。解决方法:小车底部安装万向轮再次实验。

第2组实验,可以说明一对摩擦力"方向相反",但是"大小相等"证据不足。解决方法:设计实验测量一对摩擦力的大小。

第3组实验,可以说明浮力及其反作用力"大小相等",但是"方向相反"证据不足。解决方法:可以通过其他弹力的实验进行说明。

第4组实验,可以很好地说明在加速和减速状态下,一对弹力总是"大小相等",而"方向相反"和"作用在同一直线上"不容易得出。解决方法:可以通过其他弹力的实验进行说明。

学生发现:每一个实验都存在着缺陷,没有任何一个实验可以说明作用力和反作用力的所有特征;已有的实验虽然不能完整地证明结论,但是都支持结论的某一部分,没有任何实验现象与已有结论冲突;还需要更好的实验设计来完善证据以得出结论。

4. 师生对话小结拓展

教师对学生的课堂研究过程和提出的问题进行总结,肯定了学生在学习活动中表现出来的求真态度和质疑精神,提炼批判性思维指导下学习活动的主要环节和注意事项,提出课后学习的要求:完善实验方案,全面研究作用力与反作用力的关系。

三、自省反思式

教师可以通过问题链引导学生对自己的思维过程进行自省反思,让学生对自己的推理过程和结论进行批判性思考,从而培养学生的批判性思维能力。

【示例】机械能守恒定律实验

教师:请你从某一高度释放摆锤,观察摆锤能否摆回至原来高度。

学生(实验后):不能/能/几乎可以。

教师:居然出现了三种不同的答案,我们来看看为什么大家回答得不一样。请同学们说一说,你是怎么做的,发现了什么,所以得出这样的结论。

学生(回答"不能"的):我发现摆锤从右边释放后,摆动很快,很难看到摆锤到左边时有没有到达同一高度,但是我发现摆锤回到右边后没有被释放器吸住,所以我认为摆锤会越摆越低。

学生(回答"几乎可以"的):我发现摆锤从右边释放后,到左边时差不多就在同一高度,可能低一点点,但很小,几乎可以忽略。

学生(回答"能"的):我发现摆锤从右边释放后,回来又被吸住了,所以我认为可以回到原来的高度。

教师:你和第一位同学的观察结果截然相反,能不能重复一下你的实验给大家看看?

学生(回答"能"的):将摆锤从较低位置释放,教室里听到清晰的一声"嗒",摆锤摆回来后又被释放器吸住了。

教师:从较高的位置释放,摆锤没有回到原来的高度,为什么从较低的位置释放时摆锤能回到原来的高度呢?

学生:因为低处释放的摆锤回来靠近释放器时,释放器的磁铁对摆球有磁吸引力,摆锤被吸回来了。

追问:那么高处释放的摆锤回来时,磁铁不吸引它吗?

学生:吸引,但离得远,引力弱。

追问:那是不是从低处释放的摆锤回来时更接近释放时的位置?

学生:是的。

追问:为什么低处释放的摆锤回来时更接近释放时的位置呢?

学生:路程短,空气阻力做功小。

教师:所以我们猜想造成摆锤不能回到原来高度,也就是机械能减小的原因是什么?

学生:有空气阻力。

实验过程中出现了三种不同的结果,教师敏锐地捕捉到了学生实验中的"不同声音",及时要求学生重复实验并向其他学生证明自己的结论。通过一连串问题链引导学生比较实验条件,分析产生不同结果的原因,让学生自己说出空气阻力这一因素,并最终将看似不同的三种结果归结到同一种原因上来。学生经历了面对不同意见,抽丝剥茧、细细探寻原因的推理过程。在这一过程中,我们既端正了学生的科学态度,又培养了学生分析和评估证据的能力。

第三节　课堂教学中培育批判性思维的实例

一、"用单摆测量重力加速度"课堂教学片段

教师:重力加速度是影响单摆周期的参数,用逆向思维思考,我们可以通过测出单摆做简谐运动的周期从而计算得到加速度。如果将此设计成一个实验

图 7-5

（见图 7-5），我们将面临这几个问题。

问题 1：用单摆测量重力加速度的实验原理是什么？

问题 2：该实验需要测量哪些物理量？

问题 3：要减小测量误差要采取什么措施？（计算出来的重力加速度保留三位有效数字）

学生：原理是在摆角小于 5° 的情况下单摆的运动是简谐振动，根据周期公式 $T=2\pi\sqrt{\dfrac{L}{g}}$，得：$g=\dfrac{4\pi^2 L}{T^2}$。

因此，只要测得摆长 L 和单摆的摆动周期 T，即可计算出当地的重力加速度 g，实验装置如图 7-5 所示。

点评：设置问题链，铺设思维台阶，学生根据已经学习的单摆的知识，通过分析、推理，确定重力加速度的计算式，并由此确定测量的物理量为摆长和周期。可以看到每一步得到的结论，都有背后的理论依据。培养学生的批判性思维能力，证据意识是非常重要的。

教师：摆长可以通过米尺测量，周期可以用秒表测量，但是周期是一次全振动的时间，测量时怎么减小误差呢？

学生：可以通过多次测量求平均值来减小误差。

教师：请同学们协助我来测一测周期，我来释放摆球，你们负责掐表计时。

点评：教师故意不交代测量计时起点，当场演示通过倒数三个数的方式，释放摆球，让学生用秒表计时，测量单摆周期。

教师：请你来分享一下，测得的单摆周期是几秒。

学生：我是在刚释放摆球那一刻开始计时的，但是把握不准掐表时间；我发现测量一次全振动时间太短，来不及掐表。我是等球稳定摆动起来之后计时，但是一次全振动时间很短。

教师：一次全振动时间很短，不容易测量，怎么解决这个问题？

学生：我觉得可以测量多个周期的总时间，然后除以全振动的次数。

点评：学生实验方式多种多样，碰到各种各样的问题，在理想化与现实困境的冲突中，在反复试错中，不断反思总结、修正完善，形成了基本正确的测量周期的思路,也就是测量多个周期的总时间,用测量时间除以全振动次数计算周期。

由此教师引出测量原理的表达式:$g = \dfrac{4\pi^2 L}{T^2} = \dfrac{4\pi^2 L}{\left(\dfrac{t}{n}\right)^2}$,列出实验表格 7 - 2,明确

初步的实验方案,初步解决三个问题:测量什么? 如何测量? 怎么分析数据?

表 7 - 2　单摆测重力加速度实验数据记录表

摆长 L	摆动次数 n	周期 t/n	重力加速度 g

对于这一环节来说,根据单摆运动特点,先从单摆周期公式入手,通过学生讨论、师生实验、批判质疑这一过程,修正、完善实验的初步方案,明确测量重力加速度的基本实验原理。如同苏格拉底的产婆术,不明示结论,通过一系列的引导性问题,通过实验中的冲突体验,激发学生的兴趣和质疑精神,让学生带着问题充分讨论,反思总结形成基本结论。

教师:通过刚才的讨论,我们明确了实验的方案。金山本地的重力加速度的官方数据是 $g = 9.794\ \mathrm{m/s^2}$。我们一起通过实验来测量我们金山本地的重力加速度,请大家注意观察实验过程,搜集问题,一起讨论解答。

点评:创设实验情境,把错误操作暗藏其中,通过"大家来找茬",让学生经历思维冲突,形成批判性思维的氛围。引导学生观察实验,分析思考,评估实验过程,优化实验操作,让学生在认知冲突中,经历发现问题、质疑问题、搜集证据、分析问题、解决问题的过程。同时在汇报交流中,根据学生列举的实验问题,引导学生对问题操作进行分类,提升学生批判性思维中的阐释、分析、解释能力。

情境:教师演示实验(预设操作问题)。

1. 测量摆长陷阱

(1) 悬点位置不固定,将摆线直接缠绕在铁架台的悬臂上改变摆线的长度;

(2) 摆线长度控制得比较短;

(3) 不是在摆线自然下垂的情况下测量摆线长度,而是横着将摆线拉直测

量摆线长度;

(4) 计算摆长时未计入摆球的半径。

2. 测量周期陷阱

(1) 测量单摆全振动的次数控制在 10 次左右;

(2) 将计量全振动次数的位置标记放在最高点,而不是平衡位置;

(3) 单摆摆角过大,超过 60°。

通过当场测量,计算出重力加速度为 6.823 m/s²。

教师:我们实验测出的重力加速度是 6.823 m/s²,官方的重力加速度为 9.794 m/s²。为什么测量误差这么大呢?哪里出了问题?

点评:鼓励学生发现测量过程中的操作问题,分析操作误区,并能说明理由,做出评估,达成共识。在观察实验的过程中,很多学生已经发现了不少问题,早就跃跃欲试。另外,课堂中设置的实验陷阱不宜太隐蔽,要便于学生发现,激发学生批判质疑的兴趣,让学生在发现问题、分析问题、解决问题的过程中体验思维的乐趣。

学生 1:实验中,摆长明显有问题,摆线缠绕在铁夹上,单摆摆动时悬点根本不固定,摆长会变化的,如图 7-6 所示,应该用夹子夹住摆线,把悬点固定住。

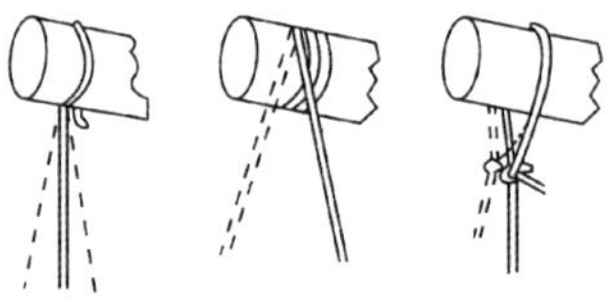

图 7-6

学生 2:计算摆长的时候不能单计算摆线长度,应该还要算上小球的半径。

学生 3:实验单摆摆动的幅度太大了,这都不满足单摆做简谐运动的条件了,应该把摆角控制在 5° 以内。

其他学生:对,条件都不满足了,而且摆长也太短了,应该把摆长增加到 1 m 左右……

点评:学生七嘴八舌,不断搜集实验中的错误,用"证据"来佐证自己的观点,在不断的思维碰撞反思和评估中,提出改进的方案。不少明显的实验错误被发现,教师将学生提出的错误记录在黑板上。一些学生的回答切中要害,启发了其他同学,大家相互补充找出了更多相对隐蔽的实验陷阱。比如,学生通过单摆摆动的幅度过大,引申到了单摆做简谐运动的条件,启发了其他同学可以对照条件来寻找问题,在不断补充完善后,发现摆长过短、自然悬垂测量摆长等问题。教师在这个基础上,适时总结、归类,并对学生没有发现的不当设置和操作进行补充分析。

教师总结归类:

聚焦疑问 1:什么是单摆? 实验中的"摆"符合单摆条件吗?

单摆(理想化模型):在一根不能伸长、不计质量的线的下端系一可视为质点的物体。

(1) 摆线不可伸长,摆长 L:悬点到小球质心的距离;

(2) 摆线长度远远大于摆球的直径(米尺测量范围 0.6 m—1 m);

(3) 摆球的质量远远大于摆线的质量(使用小金属球)。

聚焦疑问 2:实验中的"摆"做简谐运动吗?

摆角小于 5°时,单摆的运动可视为简谐运动。

聚焦疑问 3:测量规范吗? 应该怎么测?

(1) 测量摆长 L,是悬点到球心的距离,$L=l+\dfrac{D}{2}=l+r$;

悬点固定,在摆线自然悬垂伸长状态下测量摆长。

(2) 怎样测量单摆周期? 从何处开始计时? 到何处停止计时?

为了减小周期测量的误差,计量次数应该增加,可以计量 30 次全振动的总时长;计时的位置应该选在平衡位置,而不是最高点。

点评:教师在总结中,也不是直接呈现结论,更注重引导学生学会类比分析、批判质疑、用证据佐证观点。比如为什么测量周期计时的位置要选择平衡位置,学生回答过程中基本会呈现两种对立的观点,我们不能选择性地只挑正确的讲,而应当鼓励学生拿出证据来捍卫自己的观点,对观点进行批判性接受。

教师:测量周期时,计时的位置应该选在哪里? 为什么? 请说说你的见解。

学生 1:应该在摆球摆动到最高点的时候开始和结束计时。因为摆球摆动到最高点时,速度为 0,计时容易分辨。

学生 2:应该在平衡位置处开始和结束计时。因为平衡位置小球运动最快,虽然速度快容易产生不好分辨的感觉,但也正是因为速度快,小球在最低点附近的时间短,视觉上分辨时的误差范围小,计时才更精确。如果在最高点计时,小球在最高点附近运动得慢,在该位置附近运动时间长,计时引入的误差会更大。

当课堂呈现不同的观点时,鼓励学生在基于实证的前提下将知识越辩越明,也促使其他同学在参与讨论和分享中,提升问题意识、破题意识,形成有依据的质疑、推理、论证的习惯。

点评:该案例是一节实验课片段,通常不少的实验课教学中的实验演示都是规范化的实验操作,让学生模仿拷贝,而缺失了学生发现问题、提出疑问、搜集证据、分析问题、解决问题的探究过程。该案例主动设置实验陷阱,以学生参与演示错误实验为基础,通过纠错分析来培养学生的批判性思维能力。案例通过问题链设计、实验纠错、观点分享等,在认知冲突和思维碰撞中,激发学生的质疑精神,提升学生对知识的掌握和解读能力,在质疑和反思中启发学生批判性思考,激发学生热爱科学、乐于探究的科学精神。

（该案例由上海市金山中学姜炜星老师提供）

二、"牛顿第一定律"课堂教学片段①

教师在讲桌上用手左右来回推一个木块,木块停停走走,走走停停。（学生很惊讶,都上课了,老师怎么还在玩啊?）

教师:同学们,刚才老师看起来像在玩木块,但其实其中蕴含了重要的物理规律。请你先描述一下你观察到的木块的运动现象,并提一个与物理相关的问题。

学生:（讨论并积极回答）

（1）木块与讲台桌面之间有摩擦,还产生热量、发出声音。

（2）木块用力推就动,不推则不动,说明木块的运动需要力来维持。

教师:你们对现象的描述是正确的,但对于"木块用力推就动,不推则不动"得出的结论,其他同学同意吗?

（刚才那位同学坚持自己的观点,说明木块的运动需要力来维持,还举出了

---

① 朱铁成.中学物理教学案例研究与分析[M].杭州:浙江大学出版社,2012:34－36.

其他例子,引起大多数同学的反对。)

教师:我们现在争论的焦点是"力是否是维持物体运动的原因"。

学生:(讨论激烈)

教师:人们能正确认识"力是否是维持物体运动的原因"这个问题,经历了千年的时间。下面请同学们阅读教材,注意在阅读过程中思考:有哪些物理学家做出了较大的贡献?他们的观点是什么?哪些证据支持他们的观点?证据的优点和缺点在哪里?

学生:(反复阅读教材)

教师:哪些物理学家做出了较大的贡献?

学生:亚里士多德、伽利略、笛卡儿、牛顿。

点评:尽管学生在初中已经形成了对"力与运动"的初步认识,有的甚至能够一字不差地背出结论,但是在处理具体问题时,一些直觉的错误观念仍会不时地冒出来。因此教师在课堂上创设来回推动木块的情境,引导学生提出该情境中所蕴含的与物理相关的知识,从而暴露一些学生在生活中已经形成的前概念,对"力是否是维持物体运动的原因"这一问题进行思考,从而引起双方同学的激烈争论。在引起学生的激烈争论之后,教师没有直接给出正确的答案,也没有阐述自己的观点,而是提出能够引发学生深度思考的批判性的问题——在探讨"力与运动的关系"上哪些物理学家做出了较大的贡献,提出了怎样的观点,支持这个观点的证据是什么,并且证据的优点和缺点是什么,从而引导学生在寻找证据的过程中,还要学习对证据进行评价,将学生的思维引向深入。

教师:下面我们准备演一个历史剧,同学们以四人为一组,分别饰演亚里士多德、伽利略、笛卡儿、牛顿四个历史人物,让他们进行一场面对面的辩论。让我们来听一听!各小组开始准备工作,等一会儿,我们选一个小组上台辩论。

(学生积极准备)

教师:我宣布辩论规则,亚里士多德、伽利略、笛卡儿、牛顿四人按先后顺序出场,出场时先进行自我介绍。开始!(一个小组已经跑上讲台)

(以下为辩论内容,其中"亚""伽""笛""牛"分别代表亚里士多德、伽利略、笛卡儿和牛顿等四位同学,四人各有一位同学为其做记录,其他同学补充,教师做点评。)

点评:通过角色扮演,学生在一个情境中表达科学家们的观点。将科学家们的观点转化为自己的理解,还要准确地表达出来,接受同学的考察,这里有认知方面、情感方面、人际交往方面的综合的心理效应。这种综合的心理效应不但极大地提升学生的学习兴趣,更能很好地锻炼学生的批判性思维能力,也培养了学生的批判性精神。

亚:我是古希腊著名哲学家、思想家。我认为力是维持物体运动的原因。其证据是生活中很多物体都是用力推就动,不推则不动。

(此时,很多学生只是觉得亚里士多德的论据存在问题,但并不清楚问题出在哪里。)

师:亚里士多德经过 2 300 多年后,终于认识到了自己以前的观点有问题(学生笑),但是,问题出在哪里呢? 大家继续往下看。

伽:我是 16 世纪意大利的一位物理学家、天文学家,近代实验科学的创始人。我的观点是物体的运动不需要力来维持。我可以通过一个理想实验来说明,如图 7 - 7 所示,让一小球沿着斜面由静止滚下,它将滚上另一斜面。若

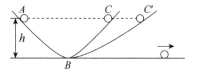

图 7 - 7

无摩擦,小球将上升到原来的高度。我们根据这种运动趋势进行分析推理:若减小第二个斜面的倾角,小球在这一斜面上要达到原来的高度就要通过更多的距离;若继续减小倾角,最终使其成为一个水平面,则小球永远不能达到原来的高度,必将沿着水平面一直运动下去。

亚:伽利略! 请解释为什么一般物体用力推就动,不推则不动。

伽:亚里士多德的说法有问题,物体推并不一定就动,静止的物体受到的推力大于最大静摩擦时,物体才会由静止变为运动。(其他同学附和)这样,物体能够运动实际是看推力比静摩擦力多出的部分,也就是看物体所受的合力。只要物体所受合力不为零,物体就可以由静止变为运动。(掌声)而撤去推力后物体也不是马上就停下来,而是在向前运动的过程中逐渐停下来,恰恰是桌面施加的摩擦力让物体停下来。

亚:伽利略！你的理想实验中提到了没有摩擦力的情况实际是不存在的,那么你的理想实验实际上只是一种空想!(很尖锐)

伽:我们可以通过实验来验证我的理想化的正确性。(该同学组织全班同学做同一个物体从同一斜面上滑下,然后从不同的水平面上滑行的距离不同的实验,几种水平面分别是桌面、纸面和布料表面。)经过实验,我们可以看出,在越光滑的表面,物体滑行得越远。由此,我们是否可以得到"如果水平面越光滑,物体应该滑动得越远,绝对光滑则将一直运动下去"的结论?(掌声)

师:有一种实验仪器可以让摩擦力非常小——气垫导轨。从轨道表面气孔喷出来的气体使滑块悬浮在导轨上,在气体悬浮环境中摩擦力极小,用手轻轻一推,滑块就可以获得初速度。我们可以用位移传感器测量,观察到 $v\text{-}t$ 图像中速度几乎不变。

师:我们研究问题常常要抓住事物的主要因素,而忽视其次要因素。其实这种方法的理论依据是遵循化繁为简的原则。本实验忽略了摩擦,这虽然与客观事实相违背,使得实验理想化了,但由于这种方法抓住了事物的主要因素,摒弃的只是次要因素,故其结果仍不失它的科学性。这种实验方法叫作理想实验方法,从实验事实出发又运用了理想化的推理揭示深刻的道理,是一种常用的科学研究方法。

点评:在这一段对话中,伽利略提出了以理想化实验作为证据来驳斥亚里士多德的观点,亚里士多德又请伽利略分析"物体用力推就动,不推则不动"的原因,伽利略根据已有的知识进行了解释,同时亚里士多德又质疑伽利略的证据,提出"没有摩擦力的世界是不存在的",请伽利略对自己提出的论据做出合理的解释。伽利略提出了在研究复杂事物的过程中,可以抓住主要因素,忽略次要因素的基本思想。在双方对话的过程中,对论证中对方的证据提出疑问,并进行分析、评价和基于证据的解释,体现了批判性思维技能在论证中的作用。

师:亚里士多德还有问题吗?(亚里士多德表示没有)有请下一位!

笛:我是法国数学家、物理学家和哲学家,是西方现代哲学的奠基人之一。我认为一个运动的物体如果没有其他物体的作用,它的运动快慢和方向将不会改变。

师:伽利略认为"不受力的作用,物体将一直运动下去",但是一直做什么性质的运动并没有明确。笛卡儿弥补了伽利略的不足,他明确地指出,物体在不受力时,不仅一直运动,而且运动的快慢和方向不会改变——做匀速直线运动。

伽:你的说法中的"外力"是什么意思?

笛:这里是指合外力。

牛:我是英国著名的物理学家、数学家。我认为一切物体总保持匀速运动状态或静止状态,除非有作用力迫使它改变这种状态为止。

师:你的观点在前人基础上有什么改进吗?

牛:我不仅阐述了物体不受力会如何运动,也阐述了物体受力将会产生什么结果;我还比他们多补充了"静止状态",静止也是一种运动状态。

点评:该教学片段采用对话互动式的教学方式来培养学生的批判性思维能力。教师首先创设问题情境,引发学生提出有争议的问题,双方就该观点展开讨论,各自提出对某一问题的不同的观点,同时提出论据证明自己的观点,然后双方针对对方提出的证据进行分析、评价和解释,同时也提出反驳。教师在学生论辩的过程中及时对论辩双方的过程进行点拨、引导和评价。这种论辩的过程能够使学生的"好奇""心智开放"以及"求真"等批判性思维倾向得到很好的培养。

(该案例由上海南汇中学王一妍老师提供)

三、"力的合成"课堂教学片段

☆ 片段 1:判断实例中"力的作用效果是否相同"

教师:提供实拍两个推车的情境视频。

第一次,三位女生推动静止的汽车运动过一段距离。

第二次,一位男生推同一辆静止的汽车运动过相同的一段距离。

两个视频同时播放。

教师:通过观察视频,请同学们判断两次推力的作用效果是否相同。

A 同学:不相同。

教师:请说一下理由。

A 同学:因为运动相同的位移,两次所用的时间不同。

教师：你是怎么把这个不同与力的作用效果联系在一起的？

A同学：因为在力的作用下运动快慢不同，所以力的作用效果不同。

教师：请同学们思考、讨论、评价一下A同学的观点是否正确，讨论要分这几个步骤：

(1) 他的观点是什么意思？

(2) 力的作用效果在这个情境中是指什么效果？

(3) 有什么现象作为证据表明两个作用效果不相同？

学生稍作讨论后：

B同学：不同意他的观点。他的意思是因为两次运动速度不同，所以力的作用效果不同。我认为推汽车这个实例中，力的作用效果是指力改变运动状态——力使汽车加速的效果，即速度增加的快慢，而不是速度本身。根据 $s = \frac{1}{2}at^2$，视频中汽车运动相同位移，而运动时间不同，因此两次力产生的加速度不同，两次力的作用效果不同。

点评：该教学过程与一般教学设计不同之处在于：教师意图通过力改变运动状态的效果不相同的实例判断，来使学生深入理解"力的作用效果"的内涵，从而为"等效替代"打下基础。其中学生不同观点的评价活动能培养阐释、分析、评估、推理、解释等批判性思维核心技能。教师行为的亮点就是在布置、组织学生小组讨论之前给予如何思考、表达的指导。(1)阐释——"先弄清A同学的观点是什么意思"；(2)分析——"力的作用效果指什么""A同学支撑'作用效果不同'的'证据'是什么"；(3)评估——考量"证据的正确性"以及"证据与论点"的对应性；(4)推理——若评估结果是错误的，那么就去现象中寻找新的证据，推理得出新论点。

☆片段2：制订"研究合力与分力关系"的实验方案

教师介绍实验器材，如图7-8所示。布置任

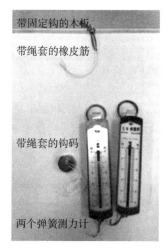

图7-8

务:组内讨论方案,再派代表交流。

(1) 用实验器材展示合力与分力。

(2) 测量力的大小、方向的操作方法。

A组同学代表:在竖直平面上,用有一定夹角的两根绳子一起提起钩码——这两个拉力是分力,再用一根绳子提起同样的钩码——这个拉力是合力。这样就呈现了满足等效替代关系的分力与合力。弹簧测力计可以测量分力和合力的大小,方向可以通过测量两根绳子与竖直方向的夹角来确定。

B组同学代表:使用铺有白纸的水平木板,把带绳套的橡皮筋一端固定,另一端先用有一定夹角的两根绳子一起拉,把橡皮筋自由端拉到某一个位置;第二次再用一根绳子把橡皮筋自由端拉到同一个位置。力的大小也用弹簧测力计测量,将绳的方向作为力的方向记在白纸上。

教师:两组同学都介绍完他们的实验方案了,接下来请大家一起比较、评价一下哪个方案更好。从以下几个标准来评估:(1)能不能满足是分力与合力的关系,关键考察两次作用效果是否相同;(2)在满足(1)的条件下,比较哪个方案能更方便、准确地记录力的大小和方向。

C同学:从力的作用效果角度来看,我对 A、B 两组都有疑问。A 组方案两次都应使钩码在空中保持静止,效果才相同;B组方案中怎么保证两次自由端是拉到同一位置没讲清楚,我觉得可以在第一次把橡皮筋自由端拉至某一位置时,在橡皮筋末端对应的白纸上画一个标记。

D同学:在记录力的大小和方向上,我选择 B 方案。由于 A 方案要在竖直面(黑板)上记录力的方向,这么多组同学不太方便都用同一块黑板;而B方案在记录力的方向时是在水平板上的,更方便记录。但是我还有些疑问,究竟怎么记录力的方向?

教师:很棒,同学们从两个方面的标准来评估两个方案的优劣,还提出了更深入的疑问。没错,B方案在水平面上记录更方便,但是怎么记录力的作用效果和力的方向要继续讨论。

E同学:力的作用效果可以在橡皮筋自由端下方标一个点。力的方向就是绳子方向,绳子方向可以在绳子下方描两个点,利用"两点确定一条直线"来确定绳子所在直线的方向。

教师:同学们非常棒,用标准进行评估,在质疑、反思中还改进了实验方案和操作方法。

点评:这个教学片段与一般教学设计的不同之处在于,教师给学生提供了一个看似"多余的器材"——带着绳套的钩码,意在让学生能从"提水桶""拉弹性绳"两个案例中提出两种可能的实验方案,从而培养学生评估、质疑、反思等批判性思维能力。在引导学生对话讨论的过程中,教师指导学生确定评估的标准,意在培养学生有标准地去评估,并且在寻找证据是否符合标准的过程中才能比较优劣、提出疑问——有证据地质疑,从而完善方案。

☆ 片段3:归纳得出"平行四边形"定则

在用力的图示表示出实验所记录的分力与合力后,教师把各组的实验数据拍照投屏出来,供学生处理实验数据,交流、解释实验结论。

教师:请同学们观察各组不同大小、方向的分力与对应的合力的关系,寻找它们具有的共同特征,并猜测分力和合力的可能关系。

A同学:合力方向都是在两个分力之间。

B同学:合力都大于分力。

C同学:合力方向可能是在分力夹角的角平分线上。

教师:对于一个未知结果的规律的归纳,首先,我们要考虑各种可能性,要开放地倾听各种观点;其次,对于每一个观点是否正确应该全面地证明。刚才同学们提出了三个观点,请其他同学进一步论证他们的观点是否正确,并拿出你的依据,你也可以提出新的观点和论证方案。

D同学:A同学的猜想是正确的,至少所采集的数据都支持这个论点。

E同学:B同学的观点不正确,我们组的数据就是合力比分力小。我们再观察就会发现当两个分力夹角比较大时,合力往往反而没有分力大,那些分力夹角较小的实验结果中合力比分力大。

F同学:C同学观点不正确,因为大部分实验数据表明合力方向好像更偏向于较大的那个分力。

G同学:我觉得从几何上看,合力可能是以分力为邻边的平行四边形的对角线。这一点需要再做进一步的论证,我们把每组数据中的分力作为邻边作平行四边形,画出对角线,把实际测到的合力与对角线进行对比,如果每组的偏差都不大,说明结论可能正确。

点评:这个环节的设计与一般教学设计的不同之处在于:教师先选择了学生中间几个典型的不全面的观点,作为评价、质疑的对象,这样学生能有针对性地进行批判性思考,在寻找论证过程中实现质疑、分析、评估。这样会引导学生在提出新观点的同时提供论证的方案,养成有证据地质疑、有方案地论证的习惯与能力。

(该案例由上海南汇中学王一妍老师提供)

四、"内能"课堂教学片段

教师:桌面上放置的一杯热水有能量吗?

学生1:有,杯子距离地面有一定的高度,被抬高的物体具有重力势能。

学生2:把手放在杯子的附近感觉很热,一定是杯子里的水散发出来的,所以杯子里的水有能量。

教师:如果这杯是冷水,有能量吗?

学生3:把这杯水放置在环境温度更低的空间中,它也会向外散发热量,所以冷水中也有能量。

点评:上述情境的回答就是批判性思维的具体体现,批判性思维要求实证,就是对你相信什么或做什么样的判断,要给出理由。上述情境中学生提供的证据,一个是理论证据(被举高的物体有重力势能),另一个是生活经验(生活中人们用热水杯暖手)。冷水是否有能量,学生根据刚刚学习的知识来解释冷水杯中也有能量,同时提供了证据。

教师:你认为同学们的论证过程合理吗?

学生4:根据我们学习的机械能的知识,被举高的物体具有重力势能。即使放在桌面的水杯机械能为零,它也有能量,因为热水杯在不断地向外散发热量。所以同学们的回答是正确的。

点评:教师提出"你认为同学们的论证过程合理吗"这一问题,激发学生对论证过程进行反思。反思什么? 观点是什么? 证据是什么? 证据是已学习的理论,还是已有的生活经历? 需要对证据进行评价。本过程要求学生评价对于机械能知识的理解和生活经验是否准确。

教师:你们说的这两种能量一样吗?

学生5:重力势能属于机械能,后一种可以叫"热"能。

教师:根据前面提供的案例,能否得出"任何物体都有'热'能"的结论?

学生6:不能,因为仅仅研究了液体,应当还要看固体、气体等。

教师:能否举例说明气体、固体也有"热"能?

学生7:蒸汽机推动活塞运动,说明蒸汽机中有能量。

学生8:烧红的铁块放在水里,水会变热。

点评:"任何物体都有'热'能"是通过不完全归纳推理得出的结论。教师在没有给出固体和气体也有内能的案例时,先提出这样的问题,给学生提供了质疑的机会,让学生知道通过不完全归纳推理得出的结论不一定是正确的。

教师:既然任何物体都有"热"能,那么"热"能的本质是什么?

学生9:"热"能的本质可能跟物体内部分子运动有关系,因为在火炉旁,我们会感到有一股热流迎面而来。

教师:摩擦生热又怎么解释呢?

学生:……(比较茫然)

教师:要弄清楚物体的"热"能,我们先从分子动理论的角度对物体内部的情况做一些基本的了解。请同学们回忆分子动理论的内容。

学生1:物质是由大量分子构成的。

学生2:分子永不停息地做无规则运动。

学生3:分子之间存在斥力和引力。

教师:你能否根据分子动理论的知识分析物体内部是否具有能量?

学生1:分子永不停息地做无规则运动,说明运动的分子一定有动能,而且这种动能是一直存在的。

学生2:分子之间存在引力和斥力,由于一直在运动,分子之间的引力和斥力一定在做功,做功一定伴随能量的变化。

教师:没错,就像由于地球和物体间有引力作用,就存在与地球和物体的相对位置有关的能量,这个能量叫作重力势能。因此这种由于分子之间具有相互作用力而具有的能量,叫作分子势能。

教师:按照这样的分析,你推测一下物体的内能是由哪两部分组成的。

学生:可以认为"热"能是物体内所有分子动能和分子势能的总和。

点评:上述分析过程是通过演绎推理的方式获得物体内能的概念。通过回顾分子动理论的知识和机械能的知识,学生能够推理得到物体的内能的概念。在进行演绎推理的过程中,大前提是关键,也就是在这个推理过程中,要准确地理解分子动理论的内容和机械能的相关知识。如果学生对大前提的理解不清楚,或者是错误地理解,得出的结论就有可能是错误的,或者将对结论持怀疑的态度。

教师:通过上述学习,你还认为这种能量只是一种"热"吗?(大家可以先独立思考再小组之间进行讨论)

学生:这里谈到的"热"应该叫内能,不是物质流,是与分子运动、分子之间的相互作用有关的一种形式的能量。

点评:反思是批判性思维的重要特征,而物理观念的形成需要反思,才能将物理知识提炼和升华。教师可以通过提问、引导、讨论等方式,给学生创造自我反思的时间和空间。

该案例是以问题引领下的批判性思维的教学,最早可追溯到"苏格拉底诘问法"。苏格拉底主张课堂上以问答形式进行,在教学过程中,并不直接给出答案,而是教师先提出问题,学生回答。如果回答正确,教师要追问正确的依据是什么;如果回答错了,立刻提出另一个连锁问题引导学生思辨,直至得出正确的结论。这是一种不断质疑、修正原有的想法,进而不断接近真知的启发式的教学方式,教师扮演着智慧引导者的角色。这一过程既体现了批判性技能的运用,又展现了批判性思维的精神。

(该案例由上海南汇中学王一妍老师提供)

五、"平面镜成像"课堂教学片段

情境:表演魔术"浇不灭的蜡烛",再播放视频"小猫照镜子",引出课题。

提问:根据视频,平面镜所成像有什么特点?

观察并猜想:

(1) 像与物体有时是等大的,有时是"近大远小"。

(2) 像与物体到平面镜的距离相等。

(3) 像与物体是左右相反的。

(4) 镜子里的像只能看到,用手摸不着。

点评:在生活中经常出现平面镜成像的现象,因此学生对此不陌生,也很感兴趣,但对成像的特点往往停留在直观认识的基础上,缺乏科学的探究。因此学生的原有认知可能存在错误。通过魔术和视频的展示,鼓励学生多观察、多思考、多提问、多质疑。课堂中"小猫看到镜子中的像是什么样的?""蜡烛为什么浇不灭?"等问题的引导是为了培养学生对猜想进行归类整合和分析的能力,并提出课题:探究平面镜成像的规律。

实验:探究平面镜成像的规律。

选择所提供的器材进行实验:平面镜、玻璃板、白纸、两节 7 号电池、两个 100 g 的砝码、两个跳棋、两把直角三角尺、光屏、刻度尺、黑纸。

提问:

(1) 如何确定像和物体的大小关系?

(2) 如何比较像和物体到镜面的距离?

(3) 像和物体关于平面镜的位置有何关系?

(4) 平面镜成的像是实像还是虚像?

思考并完成实验:

(1) 选用一个跟镜前物体完全相同的物体去找像的位置,比较像与物体的大小关系。

(2) 记录像、物体、镜面等位置并使用刻度尺去测量像和物体到平面镜的距离。

(3) 选取桌面上两把直角三角尺进行实验,并画出物体和像的大致形状,测量像与物体的连线同平面镜的角度关系。

（4）通过在玻璃板后挡一张黑纸，观察是否还能通过玻璃板看到像；或者在像的位置放置光屏，观察光屏上是否有像。

点评：以教师点拨为基本方法，以学生经历"猜想、验证和归纳"为主要过程，验证实验前对平面镜成像特点的猜想。在实验前，强调学生要主动思考："如何确定像的位置？"而对于"像和物体关于平面镜的位置有何关系？"则需要学生思考、分析后，选取合适的物体（两把直角三角尺）进行验证实验，学会用证据说话。在实验过程中，学生动手测量，记录数据，并交流得出结论，重点培养了学生的动手实验能力、分析数据能力、处理信息能力和总结归纳能力。在整个探究过程中，学生在小组合作中会不断地交流讨论，陈述自己的观点或者辩驳他人观点，最终得出结论。

评估：日常生活中"照镜子"——近大远小。

提问：探究的结果和日常的经验与现象相冲突吗？

反驳：当自己向镜子走近时会看到镜中的像变大，当自己面向镜子后退时会看到镜中的像变小，但是探究的结果却是"像与物体等大"。

点评：由于学生日常生活经验的前置印象，会出现相互对立、矛盾的想法（如肉眼看到像的大小不相等、像远小近大等），会对一些简单物理现象产生误解。但是探究的结果"像与物体等大"与此生活现象不相符，那么学生会在这个"生活实践"重现的环节质疑并反驳。这时，学生通过再次自由选取适当的实验器材，并使物距逐渐减小或增大，找到像的位置后，去验证像与物体的大小关系，模拟"照镜子"。这样让学生认识到科学结论的得出需要多次实验，通过多样化的信息分析才能归纳出正确的结论。通过学得的物理规律去对照生活现象，可以纠正学生在认识上的误区，并且检验得出的结论。最后，教师解释出现冲突是因为视角有所不同——视角越大，看起来的像也越大，但视角变大，镜中的像自身并无大小上的变化。得到探究结果后，以问题的形式出现，例如：探究的结果是否和生活现象及经验相冲突？是否会和自己原有的认知相矛盾？探究的过程是否符合逻辑？从而有意识地帮助学生将知识内容与真实生活关联起来，培养学生的评估能力。

（该案例由上海市绿川学校张丽敏老师提供）

六、"闭合电路的欧姆定律"课堂教学片段

教师:水果电池的原理,就像化学中学习的铜锌原电池一样。水果中有大量的水果酸,相当于原电池中的电解液。我们把黄色的铜片和银色的锌片插入水果中,锌片的化学性质比较活泼,容易发生氧化反应失电子,相当于电源负极,铜片就相当于电源正极。大家按照图示的方式进行连接,然后打开 DIS 通用软件,先对电压传感器进行调零,再测一测水果电池两端的电压是多少。

学生动手操作实验,记录并交流水果电池两端的电压。

教师:可以看到大家的水果电池两端的电压比一节干电池都要大。桌上有一个额定电压是 1.5 V 的小灯泡,如果大家把它连在水果电池的两端,小灯泡会不会亮呢?

学生有的回答可以,有的回答不可以。

教师:我很担心一件事情,你们的水果电池电压超过 1.5 V,但是小灯泡的额定电压只有 1.5 V,你们在连接电路的时候要注意什么呢?

学生:要在电路里加上滑动变阻器。

教师:那我们开始连接电路,看看小灯泡会不会发光。

学生准备连接电路时发现没有滑动变阻器。

教师:既然没有滑动变阻器,那我们直接把小灯泡和开关连接在水果电池两端。

学生感到很惊讶,有的会直接表达:这样真的可以吗?

学生动手操作实验,发现小灯泡不亮。

教师:为什么小灯泡不亮呢? 在分析原因之前,我们先把实物图转化成电路图,再进行分析。

学生画电路图。

教师:我们根据电路图(见图 7-9),一一分析小灯泡不亮的原因,然后想一想你有什么方法可以判断你的猜想是不是正确。

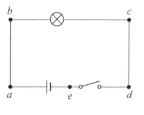

图 7-9

学生 1:小灯泡会不会直接烧坏了?

学生2：如果烧坏的话，应该先亮一下再不亮，但是小灯泡是直接不亮的。

学生3：小灯泡会不会是坏的？

教师：有什么办法可以判断小灯泡、开关和导线是不是坏的呢？

学生：可以用干电池连接电路，看一看各个元件有没有损坏。

教师：那你们试一试，看看各个元件有没有损坏。

学生动手操作，发现小灯泡亮了。

教师：看来小灯泡是好的。那问题到底出在哪里？大家观察过连接了小灯泡后，水果电池两端的电压吗？

学生：电压变为零了。

教师：会不会是导线分掉了小灯泡的电压？

学生：不会，导线电阻很小。

教师：是的，导线电阻很小。横截面积 1 mm^2、长 1 m 的铜线，在常温下（20℃时）的电阻为 0.017 5 Ω。既然不是导线分掉了电压，那么水果电池两端的电压去哪里了？

学生：可能电源内部分掉了电压。

教师：也就是说电源内部有电压存在。电源和外部的电路元件是串联的，串联电阻又有分压作用，那电源内部有电压存在，就说明电源内部有什么呢？

学生：有电阻。

教师：我们初中学习的电路知识其实都是针对电源外部电路，电源两端电压都是不变的，这样的电路其实叫作"部分电路"。高中学习的电路，不仅要研究电源外部的电路，还要研究电源内部的电路。我们把这种包含电源、用电器和导线等的完整回路叫作闭合电路或全电路。

点评：学生已有的观念是当电池两端的电压大于小灯泡额定电压时小灯泡就能发光。当学生发现小灯泡不亮时，马上会质疑，为什么看到的现象和头脑中固有的想法不一样？有了质疑以后，学生开始猜测小灯泡不亮的可能原因，然后通过推理或者实验验证的方法来判断这些猜测是否正确。在排除了小灯泡烧坏或者本来就坏了的因素，排除了其他元件损坏的因素，排除了导线分掉的电压太多的因素后，学生把原因锁定在水果电池这个电源上，猜测水果电池内部分掉了电压,使得小灯泡不亮,意识到原来电源内部还有结构。这就修正了头脑中认为电源电压不变,电源内部没有结构以及电路只研究电源外部电路这样的观点。在意识到电源内部有电压有电阻以后,学生可能还有疑问——电源内部有电压,是我们推理得出的,电源内部真的有电压吗? 能够测量得到吗? 为了回应这样的质疑,我们可以通过调高电池内阻来测量电源的内电压,让学生真正看到内电压的存在,进一步证明电源内部是有电压的。整个过程下来,学生对电路的认识从电源外部转向电源内部,从局部到整体,对闭合电路有了系统性的认知。

另外学生在整个过程中能够倾听其他同学的发言,能够判断发言的正确与否,能够接受其他同学的观点并修正自己的想法,也体现出他们的心智开放和心智成熟。学生批判性思维的倾向在这个教学过程中有比较明显的体现。

(该案例由上海市洋泾中学许韵画老师提供)

七、"牛顿第二定律"课堂教学片段

教师:同学们,我们完成了"在质量不变时,加速度和力的关系"的探究实验,让我们来看看这一组同学的研究成果(在屏幕上展示一组学生完成的图像,如图 7-10 所示)。请问,这个结果能说明加速度和外力成正比吗?

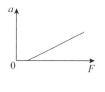

图 7-10

学生:不能,因为图像并没有通过原点。

教师:观察一下这个图像有什么特点。

学生:图像和 x 轴的正半轴有一个交点。

教师:请大家回顾一下研究的过程,小组讨论一下,造成这个误差的原因是什么?

学生1:可能是因为轨道和小车间存在着摩擦力。

学生2:可能是因为细线没有和轨道平行。

学生3:可能是因为轨道没有水平放置造成的。

学生4:可能是因为释放小车时初速度不为零造成的。

·············

教师:请完成这组实验的同学检查一下:细线有没有和轨道平行? 轨道是否

水平放置?

学生:细线和轨道是平行的,轨道也是水平的。

教师:如果释放小车时有初速度,会不会影响到我们的实验?

学生:根据实验结论,加速度与外力有关,与初速度无关。

教师:分析 $a-F$ 图像发现,一开始拉力 F 较小时,小车加速度为零,意味着没有被拉动。看来是因为轨道和小车存在摩擦力。那么请你提出一个改进措施。

学生:可以抬高斜面一端,让小车重力的分力和摩擦力平衡。

教师:怎样确定两个力刚好平衡呢?

学生:把小车放在轨道上,如果小车是匀速下滑的,就表示刚好平衡了。

教师:那又如何判断小车是在做匀速直线运动呢?

学生:当计算机屏幕的 $v-t$ 图像显示为平行于时间轴的一条直线时,就表示小车在做匀速直线运动了。

教师:很好,请有类似误差的小组按照改进措施重新实验。

点评:该教学片段通过实验误差分析,引导学生对实验探究的过程进行自我调整。学生经历了问题反思、分析原因和寻找替代方案三个过程。首先,学生发现图像不过原点与论证结论有矛盾,开启反思阶段;其次,学生根据误差特点集思广益提出许多可能性,通过理论分析排除一些可能性;最后,找到真正的原因并提出改进实验方案的措施。

教师:同学们,今天我们通过 DIS 实验验证了物体的加速度与外力成正比,与物体的质量成反比,即 $a=\dfrac{F}{m}$,那么它与我们之前所学的 $a=\dfrac{\Delta v}{\Delta t}$ 是不是有矛盾呢?

学生:不矛盾,前者是从力的角度来描述,后者是从运动的角度来描述。

教师:对,加速度的大小是由力和质量来决定的,所以我们把前者叫作决定式;而后者描述了物体运动的特点,叫作定义式。那么请同学们思考这样一个问题:物体受到恒力的作用,它的速度会加到无穷大吗?

学生:好像不会吧。

教师:当物体的速度无穷大,那么它的运动过程就不需要时间,这与现实是相违背的;爱因斯坦等科学家提出,自然界中速度的极限是光速,那是不是说明牛顿运动定律是错误的呢?

学生:应该不是吧。

教师:其实牛顿运动定律适用于低速宏观领域,因此生活中绝大多数物体的运动都是适用的。

点评:教师根据图尔敏的论证模型对论证过程和结论提出两次反驳,引发学生思考牛顿运动定律的适用条件和范围。在完成实验探究后,教师对加速度有两个不同的表达形式提出疑问,学生从两个角度解释两者的关系;接着教师又提出根据牛顿第二定律,受到恒力的物体速度会达到无穷大与事实不符,引发学生思考运用牛顿第二定律的局限性。

(该案例由上海南汇中学苟士波老师提供)

八、"力"课堂教学片段

☆ 教学片段1

情境1:用手掷出纸飞机。

师:是什么让纸飞机飞出去的?

生:因为手用了力。

情境2:教师将吹足气的气球粘贴在纸飞机上,通过对气球进行放气,发现纸飞机也能向前飞行。

师:为什么手没有对飞机用力,飞机却也飞出去了?

点评:这堂课其实都用纸飞机进行了串联。第一个情境对学生来说是易于理解的,目的是让学生对力的概念有一个初步的、直观的体会,同时也为后续"力的作用效果"做情境铺垫。第二个情境的引出,学生会产生困惑——为什么手没有对飞机用力,飞机却向前飞行了?这使学生对力的原始认知产生了冲突,为课堂教学第三环节引入"力的相互作用"埋下伏笔。在教学最后环节,引导学生在理解了力的基本概念的基础上解释"气球纸飞机"能向前飞行的原因。因此,本节课设计的情境引入非常自然地串联起整堂课的知识脉络,从"力的定义""力的作用效果"一直到"力的相互作用",通过各类课堂活动层层搭建学生思维支架,使学生对力的认识从具象思维逐渐过渡到理性抽象思维。

☆教学片段2

在总结力的概念后,教师提出问题:

师:刚刚我们用手感受到那么多的力,那么请同学们思考一个问题——产生力一定要直接接触吗?

生:不一定要接触。

师:请你设计一个实验,证明你的观点。

生:磁铁可以吸引铁钉,它们没有接触。

师:很好,这说明某些力不需要直接接触。再比如,苹果因为受重力作用而落在地上,苹果和地球也没有接触。

师:那接触的物体之间一定有力吗?

生:不一定吧⋯⋯(迟疑)

师:那么我们通过什么现象判断两个物体间是否产生了力?

生:(思考)

师:通过刚才力的实验,你看到力作用在物体上会使物体发生怎样的变化?

生:箱子动了,足球飞出去了,纸发生了形变,弹簧变长了⋯⋯

师:现在我们把这些现象进行分类。

生:可以分成两类,一类是运动状态变了,另一类是形状改变了。

师:力作用在物体上产生两种作用效果。那接触的物体间如果没有这些作用效果则说明什么呢?

生:说明接触的物体间不一定有力的作用。

点评:在该教学片段中,教师注重培养学生通过搜集证据来做出判断的批判性思维意识。教师给出问题"产生力一定要直接接触吗",当学生给出否定的答案后,教师要求学生提供证据"设计一个实验,证明你的观点",通过学生和教师的补充,对这个问题做出了充分的论证。学生体会到做出判断前要搜集多方面的证据支持自己的观点。接着,教师将问题进行反转"接触的物体之间一定有力吗",再次要求学生进行论证。此问题对于初中生来说有一定的思维深度,教师巧妙地搭了一个台阶"通过什么现象判断两个物体间是否产生了力",并引导学生从刚才完成的四个实验现象中来寻找证据。这一方面过渡到下一个环节"力的作用效果",另一个方面也说明"接触的物体不一定有力",比如手和弹簧接触,但弹簧没有发生形变,手和弹簧之间并没有力。

☆ 教学片段 3

在归纳出力可以使物体发生形变之后,教师提出了一个思考题:手压桌面、玻璃等物体,力是否产生作用效果? 在学生头脑中,可能桌面、玻璃等物体是刚性的,那样的话手压桌面、玻璃是否还会产生形变? 于是学生就会生疑,就会有矛盾冲突。为了解答这个疑惑,教师设计了"手捏扁玻璃瓶"的实验。玻璃瓶中灌满了染色的水,并插入了一根细管。

学生用手挤压玻璃瓶,观察到细管中的水面马上上升;松开手,观察到细管中的水面马上下降。基于实验现象,学生推理,水面的上升下降与手压、松手的动作密切相关,必定是玻璃瓶内部的体积发生了变化(而不是手接触或离开玻璃瓶导致的水热胀冷缩)。而玻璃瓶内部体积的变化,说明瓶壁发生了形变。

这样实验现象就上升到了成为问题解决的证据,破除了一开始的疑惑,得出结论:手压桌面、玻璃等物体,力还是会产生作用效果。

点评:教师提出力能否使玻璃瓶发生形变,随后不断地加以引导,从而有效地激活学生的思维,刺激学生思考并修正原有的认知。接着,利用自制教具中细玻璃管中液柱的升高或降低来放大微小形变,证明并归纳出力能使物体发生形变,将学习的重心由知识向探究过程转化,让学生领会实验中的微小量放大法。

(该案例由上海市三林中学东校董安祺老师提供)

九、"'密度、压强阶段性测试'试卷讲评"课堂教学片段

课前,教师把得分率在90%以上的题目先公布给学生,让学生自己通过查阅书本或者进行再思考的方式解决,并通过和教师面对面的批改进行纠错。

点评:通过课前学生的"自主纠错"和教师的面批过程,完成得分率在90%以上的考题订正,让学生进一步加深对密度、压强两个基本概念的理解。

而后通过阶段测试后的作业,以打补丁的方式帮助学生完成对密度、压强知识的再构和巩固。在夯实密度和压强知识点的过程中,形成自主复习和自我反思的意识。

☆ 片段1:自主纠错,体现学生的自我调整能力

教师先从几位学生由于书写不规范和数据不完整而引起的扣分入手(展示错题图片),通过典型答题错误的集体分析、纠错过程,进一步强化解题的规范性和答题的完整性。

点评:通过展示批改学生试卷中计算题的痕迹,让学生通过观察自主纠错,找到解题中容易忽视的细节,加强了答题的规范性和完整性,同时体现了批判性思维中的自我调整。

☆ 片段2:建构知识体系,培养学生的批判性思维能力

1. 如图7-11所示,两个质量、体积都相同的空心铜球和空心铝球静置在水平桌面上($\rho_{铜} > \rho_{铝}$)。

请判断两个金属球空心部分的体积大小,并画出两个球空心部分体积的大致形状。

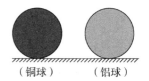
(铜球) (铝球)

图7-11

判断理由:_____

2. 如图7-12所示,甲、乙两个实心均匀的正方体分别被放在水平地面上。

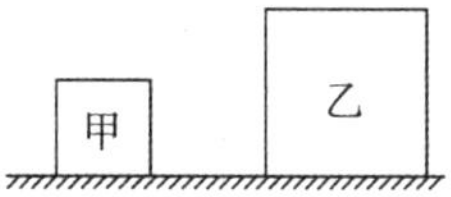

① 若它们的密度相等,则 $m_{甲}$ _____ $m_{乙}$,对地面的压强 $p_{甲}$ _____ $p_{乙}$。

图7-12

判断理由:_____

② 若它们的质量相等,则 $\rho_{甲}$ _____ $\rho_{乙}$,对地面的压强 $p_{甲}$ _____ $p_{乙}$。

利用以上两个例题带领学生回忆这段时间内我们学到的知识,并通过这两个习题把考卷的知识结构用直观的概念图展现出来,学生正确合理地选择所用公式,可以使复杂的问题迎刃而解。

点评:在此教学过程中,教师注重物理思维的培养。如判断两个质量、体积相同的铜球和铝球的空心部分的体积时,引发学生质疑——质量和体积相同,难道密度也相同? 教师通过引导学生从物质质量和体积的定义出发,认识到空心

物体的体积是包括空心部分在内的,而质量大小才符合实际情况,需要判断的是物体的实心部分的体积大小,通过分析 $V=m/\rho$ 的大小关系,问题迎刃而解。同时教师也注重物理情景的建模。如对固体、液体压强综合计算,教师要求学生认真审题,画出容器、液体、地面三者之间的简单模型,通过解读题干所述容器形状、是否轻质等条件,并识别需求解的问题是固体还是液体压强,精准地指向对应的知识点和方法,提高正确率。这样既培养了学生良好的学习习惯,又促进了学生对物理观念和科学态度的认识。

☆片段 3:重视图像情景,培养学生的分析能力

① 底面积为 $1\times10^{-2}\ \mathrm{m^2}$ 的薄壁圆柱形容器内,装有 $10\ \mathrm{N}$ 的水,容器位于水平桌面的中央。

② 若在容器中轻轻放入一个重为 $2\ \mathrm{N}$,体积为 $2\times10^{-4}\ \mathrm{m^3}$ 的物块,物块浸没在水中,问容器对桌面的压强变化量 $\Delta p_桌$ 的范围。

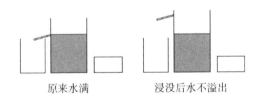

原来水满　　　　　　浸没后水不溢出

图 7 - 13

点评:初中物理不仅考查学生对物理概念和规律的理解,还要考查学生的分析能力,但是这种能力往往在试题中会通过用文字来描述物理现象体现出来。想要理解题意,对于初中学生来说行之有效的办法就是把抽象的事物具体化,教师通过图像建立情景,除了把抽象的知识形象化外,还能更直观地反映各个物理量之间的关系。

(该案例由上海市长岛中学孙瑞敏老师提供)

十、"电流"课堂教学片段

教师从学生熟悉的车流、水流、气流等生活中的概念引入新课"电流"。教师展示演示实验(见图 7 - 14)。

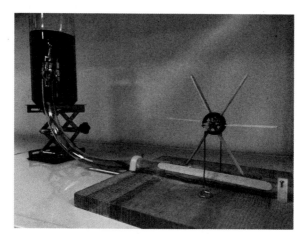

图 7 - 14

教师:请同学们观察桌面上的水轮机,是什么神秘力量推动了水轮机转动?

(打开水龙头,水轮机开始转动)

学生:水管中有水流,推动了水轮机转动。

教师:为什么水轮机又不再转动了呢?

学生1:水管中没有水了。

学生2:水管中的水不流动了。

教师移去遮挡水管的纸,让学生观察到水管中充满了水。

教师:同学们现在可以观察到水管中是有水的,那为什么水轮机不再转动了呢?

学生:水不流动,没有水流了。

教师:那水流是怎样形成的呢?

学生:水顺着水管流动形成水流。

教师:在刚才的学习中,同学们根据水轮机转动的现象判断出有水顺着水管发生定向移动形成了水流,那你们又是依据什么现象认为确实有电流存在呢?

(引导学生由水流类比电流)

学生1:打开开关后,教室内的电风扇转起来了,说明有电流形成。

学生2:打开开关后,灯亮了。

……………

教师:同学们依据打开开关后用电器才能工作,证实了电流确实存在。那电流是如何形成的呢? 由于无法看到电流,那你判断电流形成的依据是什么?

(引导学生由水流形成类比电流形成)

学生:水的定向移动形成水流,那么应该是导体内某种东西的移动形成了电流。

教师:确实是这样。导体内自由电荷的移动形成了电流。水管流出的水流有大有小,如果无法直接观察到水流,你能判断出水流大小吗?

(打开演示容器被遮住的水龙头,放水)

学生:左边的容器流出的水流大。

教师:你们判断左边流出水流大的依据是什么?

学生1:水轮机转动的快慢不同。

学生2:同一时间观察到液面下降的高度不同,流出水龙头的水的多少不同。

教师:如果是先后打开两个水龙头,你还能判断水流大小吗?

学生:比较单位时间流出水的多少。

教师:根据相同的思路,我们可以怎样来比较电流的大小呢?

(引导学生由水流强度类比定义电流强度)

学生:可以用单位时间内通过某一截面的电荷的多少来表示电流的大小。

教师:非常好! 水的多少,我们叫作水量;电荷的多少,我们叫作电荷量。我们通俗说的电流大小,物理学上称作电流强度。也就是说,电流强度等于单位时间内通过某一截面的电荷量。你依据什么现象认为电流确实有大小呢?

学生1:教室内的电风扇转动得有快有慢。

学生2:写作业时台灯的亮度不一样,有亮有暗。

点评:电流这一概念比较抽象,在日常生活中很难直接观察,上述过程就是通过类比推理的方式建立电流的概念。以学生熟悉的水流为例,启发学生从生活中寻找证据证实电流的存在,引导学生运用类比的方式——水流的定义类比电流的定义、水量类比电荷量、水流的强度类比电流的强度,从定性类比过渡到定量类比,将研究水流强度的方法迁移到研究电流强弱。这样的教学活动使学生体会了类比的科学思维方法,通过类比,促进学生理解抽象概念。

在进行类比推理的过程中,学生熟悉的已有经验与需要习得的新知识有着某些明显的相同属性,是类比推理能够成立的重要前提;将已有知识和新知识进行由此及彼的"比较类推"是这种思维方法的根本标志,没有这个推理过程,就达不到学习新知识的目的;已有知识服务于所要学习的新知识,它是运用这种思维方法的重要条件,没有这个条件,不能使类比的新知识明显化,难以被学生接受,也不能达到学习新知识的目的。类比的推理方法体现了通过物理知识这个载体,加强对学生进行物理核心素养培养的理念。

（该案例由上海民办华曜浦东实验学校张月老师提供）

十一、"功率"课堂教学片段

教师:请你根据汽车运动过程中的 $v-t$ 图像（见图 7-15）,描述汽车在加速阶段的运动情况。

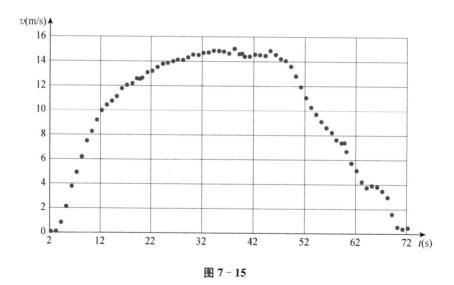

图 7-15

学生:先做匀加速直线运动,再做加速度逐渐减小的变加速直线运动,最终做匀速直线运动。

教师:你判断的依据是什么?

学生: $v-t$ 图像最初为过原点的倾斜直线,然后图像的斜率逐渐减小,最终图像呈水平。

教师:你如何定量证明初始阶段一定是线性关系?

学生:通过找到 v-t 图像的函数关系来证明,可以用 Excel 函数拟合等方式实现。

点评:教师通过和学生的不断问答对话,调动学生思考,培养其阐释物理现象的能力、寻找证据的意识。

教师:你能从动力学角度分析解释汽车为什么开始阶段会做匀加速直线运动吗?

学生:那需要先对汽车进行受力分析。

教师:请在活动单上完成受力分析图,并尝试通过牛顿动力学从理论上分析解释。

学生呈现分析结果(见图 7-16)。

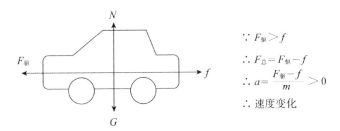

图 7-16

教师:请观察这位同学的分析过程,你觉得有哪些优缺点? 在这个过程中体现了哪些物理思维?

学生:汽车可以看作是质点,只需将其抽象为一个质点模型即可,汽车受到的阻力近似认为不变,体现了理想化模型的思维。

点评:在互评与反思中,评价分析过程中使用的物理模型是否正确,并及时进行自我调整。

教师:只要我们能够保持牵引力恒定,就可以一直做匀加速直线运动,速度可以达到很大值。为什么实际情况中,汽车总是达到某一速度后就开始匀速行驶了呢? 速度为什么不会一直增大?

学生:当汽车牵引力恒定时,随着速度的增大,功率逐渐增大,但是功率有最大值(额定功率),达到额定功率后就不再增大了。

教师:你能在 $v-t$ 图像中标出汽车恰好到达额定功率的瞬间吗? 在此之后,为什么汽车的加速度开始减小?

学生:加速度减小,说明牵引力在减小。由 $P=Fv$ 可知,当 P 不变时,随着速度的增大,牵引力逐渐减小。

教师:最终到达什么状态?

学生:牵引力等于阻力,加速度为零,汽车开始做匀速直线运动。

教师:为什么最终 $v-t$ 图像又下降了呢? 对应了司机怎样的操作?

学生:松开油门,踩刹车。

点评:汽车做加速度逐渐减小的变加速直线运动部分的原理较复杂,很多学生一直无法理解。本设计从汽车实际启动的 $v-t$ 图像入手,让学生从结果入手,寻找现象背后的原因,分析从匀加速到加速度开始减小的瞬间汽车发生了什么变化,再在实际开车过程中建立功率和油门间的联系,感受到油门恒定对应了汽车的功率恒定,在汽车稳定行驶时功率不变。

教师:根据小乔同学提供的汽车铭牌信息(见表7-3),如果想要估计这辆汽车匀速行驶时受到的阻力,请你从铭牌中寻找有用信息,并计算出阻力的大小。

表7-3 汽车铭牌信息(局部)

26. 总重量(kg)	2 110	27. 整备质量(kg)	1 580
28. 额定载质量(kg)	—	29. 载质量利用系数	—
30. 准牵引总质量(kg)	—	31. 半挂车鞍座最大允许总质量(kg)	—
32. 驾驶室准乘人数(人)	—	33. 额定载客(人)	5
34. 最高设计车速(km/h)	180	35. 车辆制造日期	2020 年 11 月 07 日
备注:选装前车标、中网、天窗、尾翼、自适应巡航、轮辋、前雷达 ABS 型号及生产企业:ESP9/博士汽车部件(苏州)有限公司 发动机净功率值为 120 kW			

学生:根据匀速行驶时,$F_f = F_m = P_0/v_m$,只需要在铭牌中确定汽车的额定功率和最大速度即可。代入 $P_0 = 120\text{ kW}, v_m = 180\text{ km/h} = 50\text{ m/s}$,可以计算得到阻力大小为 2 400 N。

教师:请你对比汽车行驶时受到的阻力与自身重力的大小。

学生:阻力约为重力的 0.15 倍。

教师:因此,在有关汽车行驶问题的练习题中,常常认为汽车行驶时受到的阻力约为车重的 0.1 倍。

点评:根据真实的铭牌信息,利用本节课所学知识,估算真实情景中汽车行驶过程中所受阻力的大小,培养建构物理模型过程中严谨认真和实事求是的科学态度。

教师:小乔同学从 $v\text{-}t$ 图像中获取到汽车匀加速运动的最大速度 v_1 约为 20.3 m/s,由此她估算出此时汽车的牵引力 F_1 为 5 911 N。根据刚刚估算的阻力为 2 400 N,她利用牛顿第二定律获得匀加速运动过程中的加速度为 2.09 m/s²,如图 7-17(b)所示;而她直接通过图 7-17(a)中的 $v\text{-}t$ 图像的斜率获得的加速度大小约为 1.25 m/s²。两者相差较大。你觉得哪一种方法得到的加速度的值更可信?

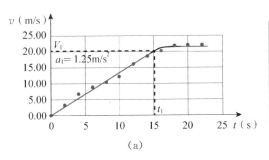

图 7-17

学生:由 $v\text{-}t$ 图的斜率得到的加速度更加可信。小乔同学利用 $a = (F_1 - F_f)/m$ 计算得到的加速度偏大,但公式的选择没有问题,而且质量和阻力的大小经过验证均无误,可见是汽车的牵引力计算偏大。这说明在汽车的速度达到 v_1 时,其功率并没有达到额定功率,不能用额定功率代入求解牵引力 F_1。

点评：教师制造两种解决方法的矛盾答案，锻炼学生在选择方案的过程中，反思评价公式与方法运用是否正确、适用条件是否正确、数据代入过程是否正确，在评价过程中，深入理解本节课所学习的功率相关知识和适用条件，深刻理解实际功率和额定功率。

（该案例由上海外国语大学附属浦东外国语学校孟婷老师提供）

✤ 附录一

初中物理教材中批判性思维元素的发掘

1. 声波在传播过程中,介质会跟随声波向前移动吗?

观点:声波在传播过程中介质也会随着声波向前移动。

理由:声音的传播是由发声体(声源)的振动沿一定的方向传播,因此传播声波的介质也应该跟着传播方向移动。

判断:实际上,该观点是不正确的。

解释:可以用推理、论证的方法来反驳这一观点。

(1) 假设有一个扬声器在空气中持续不断地发声,声波在空气中向各个方向传播。根据以上观点,扬声器周围的空气随着声波不断向外移动扩散,最后导致扬声器周围处于真空状态,或扬声器周围有大量空气流动进行补充,从而产生很明显的气流。这显然是不可能发生的事情,于是推翻了这一观点。

(2) 取一根较长的钢管,一端用锤子敲击,耳朵贴近另一端听,可以听到敲击钢管产生的声波沿着钢管传播到另一端。这是声波沿着固体传播的场景,但我们并没有发现钢管沿着传播方向收缩到另一端。这说明声波的传播需要介质,但介质不会随着波的传播而一起迁移,也可以推翻这一观点。

当然,也可以用实验的方法来解释声波的传播。如图8-1所示,一根水平放置的软长弹簧(比作介质),原先每一圈的间距都是相等的,推动它的右端,可以看到弹簧每一圈的间距发生了有规律的变化,弹簧中出现的疏密相间的形状会从右端逐渐传向左端,但弹簧上某一圈所标记的点只

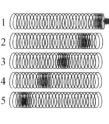

图 8-1

在水平方向在平衡位置附近来回振动,并没有随着疏密波的传播而向左移动。

(该案例由上海市长岛中学孙瑞敏老师提供)

2. 如何论证真空中不能传声?

问题:在地球表面环境下不存在严格的绝对真空环境,如何用实验推理的方法论证"声波不能在真空中传播"?

事实:把一个闹钟放在玻璃罩里,用抽气机抽气,随着玻璃罩内的空气逐渐被抽出,虽然听到的铃声逐渐变轻,但始终都能听到铃声。

解释:因为抽气机无法完全抽空玻璃罩内的空气,声音还可以通过稀薄的空气传播;另外,由于闹铃与底座橡胶垫接触,底座也能传声,所以始终能听到一些声音。

论证:受伽利略理想实验的启发,可以通过实验事实和逻辑推理相结合的方式进行论证。实验事实是随着玻璃罩内的空气越来越少,听到的铃声越来越轻。接着进行逻辑推理,设想玻璃罩内的空气完全被抽空,即处于真空状态,则将听不到铃声。于是得出结论——声波无法在真空中传播。

在实际应用中,双层真空玻璃可以有效阻隔噪声污染。如图 8-2 所示,其结构特点是将两块玻璃边缘密封在一起,通过抽气口将两层玻璃之间抽成接近真空并用玻璃柱支撑,按技术要求每层玻璃的厚度不低于 5 mm,中空部分间距一般为 8 mm,压强约为 2 至 10 Pa,接近真空。双层真空玻璃在城市住宅、商业领域中有广泛的用途。

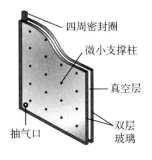

图 8-2

(该案例由上海市长岛中学孙瑞敏老师提供)

3. 如何论证声音传递的是振动和能量?

质疑:声音是看不见、摸不着的,传播到耳朵之后,我们的鼓膜并没有感觉在振动,为什么说它传递的是振动和能量呢?

证据 1:在桌面上放置一支点燃的蜡烛,先让蜡烛静静地燃烧,然后拿一个扩音器,正对烛焰,相距约几厘米,打开扩音器,可看到烛焰前后轻微晃动。增大声音的响度,可看见烛焰剧烈晃动。这说明声音的确传递了振动。

证据2:制作声音"大炮"。

实验材料:纯净水桶,蜡烛。操作方法:(1)点燃蜡烛,敲击水桶底部,烛焰被吹灭,测量出声音"大炮"与蜡烛之间的距离;(2)不断调整声音"大炮"与蜡烛之间的距离,重复上述步骤,测量出可以吹灭烛焰的最远距离。实验结论:制作的声音"大炮"在距离蜡烛较远的地方可以将烛焰吹灭。这一现象说明声音在传播过程中传递了能量。

这两个实验都证明了声音在传播过程中不仅传递了振动形式,也传递了能量。特别是在实验过程中,学生的实验热情不断高涨,在距离不断拉开、实验不断成功的过程中,结论的得出不仅很自然,使学生印象深刻,而且当实验偶尔失败时,学生还能对实验的过程进行反思,探讨实验失败的可能原因。

（该案例由上海市三林中学东校董安祺老师提供）

4. 眼睛能看见物体是眼睛发光造成的吗?

观点:人之所以能够看见物体是因为眼睛发出的光照射在物体上造成的。

理由:

(1) 用手电筒照射物体后,我们能看到物体,说明是因为光照射后引起视觉。

(2) 眼睛的视线是沿直线方向,符合光的直线传播规律。

判断:实际上,这种观点是错误的。

解释:在完全黑暗的环境下,我们是看不到不发光的物体的。如果这个时候眼睛发光,就应当能够看到物体。

证据1:在暗室内放置一个发光的小灯泡,你能够看见灯泡,是因为灯泡发出的光线进入你的眼睛,引起视觉,而关掉电源,就看不见灯泡了。

证据2:在暗室内用一个手电筒照射鲜花,是能够看见鲜花的,原因是手电筒发出的光线被鲜花反射后进入眼睛,引起视觉。

（该案例由上海市长岛中学孙瑞敏老师提供）

5. 为什么斜插在水中的铅笔看上去好像被折成了两段一样?

观点:有的学生认为,由于光从空气中斜射入水中,光线发生了偏折,因此在水中的那段铅笔看起来好像折断了一样。

解释:浸在水中的那部分铅笔并非光源,水中也没有任何光源,所以这必定是空气中的光传播到水中发生折射而产生的现象。

判断:这个观点和解释是错误的。

证据:

(1) 铅笔为何也能看作发光物体?

虽然铅笔本身不是光源,但是空气中的光照射到水面时,一部分光被水面反射回去,形成反射光,另一部分光进入水中,形成折射光。这些折射光又照射在浸在水中的铅笔上,发生了漫反射,因此水中的铅笔射出的反射光线是射向各个方向的。

(2) 铅笔反射出光线的传播情况。

在水中的铅笔反射出的光线再次折射回空气中,此时光从水中斜射入空气中,折射角大于入射角。人的眼睛在空气中接收到了部分折射光线,逆着这些折射光线的方向看过去,这些折射光线的反向延长线的交点即为铅笔所成虚像的位置(如图8-3所示),且虚像比实物在水中的位置浅,所以看起来铅笔好像在水面处折断了,而且感觉是向上折断的。

图8-3

(3) 生活中还有哪些与光的折射有关的现象?

在生活中,我们从岸上看游泳池的底感觉比实际深度要浅些,在书本上垫上厚玻璃后看到的字要比书面高一些,还有"海市蜃楼"这种奇特的景象,都可以用光的折射原理来解释。

(该案例由上海市长岛中学孙瑞敏老师提供)

6. 经过凸透镜的光线都能够会聚到一点吗？经过凹透镜的光线一定不能会聚到一点吗？

观点：有的学生认为，既然凸透镜对光线有会聚作用，那么凸透镜就可以把所有光线会聚到一个点上；同理，凹透镜对光线具有发散作用，那么凹透镜就不可能把光线会聚到一个点上。

理由：根据平行于主光轴的光线经过凸透镜和凹透镜后的折射光线的光路（如图 8-4、图 8-5 所示），可以发现——经过凸透镜的光线最终会聚于主光轴上一点，该点被称为焦点；经过凹透镜的光线呈发散状，不可能相交于一点。因此凸透镜一定可以把光线会聚到一点上，凹透镜不可能将光线聚合到一点上。

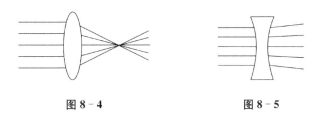

图 8-4　　　　　　　　　图 8-5

判断：实际上，以上观点是片面的，只是从狭义的角度解释了"会聚"和"发散"作用。

证据：

（1）前面展示的平行光经过凸透镜的光路是正确的，经过凸透镜的折射光的确会聚在焦点上。但考虑到光路的可逆性原理，让经过焦点的光线经过凸透镜，我们会发现经过凸透镜后的折射光是平行光，没有会聚于一点，则可以推翻"经过凸透镜的光线都能够会聚到一点"的观点。

（2）如图 8-6 所示，当点光源位于凸透镜主光轴焦点以内时，经过凸透镜的光线还是呈发散状，但是相较于入射光线而言，折射光线明显向入射光线传播方向内侧靠拢，显示出一种"会聚的作用"；如图 8-7 所示，一组入射光线经过凹透镜后，折射光线竟然会聚在主光轴上某一点，但是这些折射光线相较于入射光线的传播方向已向外侧发生偏折，显示出"发散的作用"。

图 8-6   图 8-7

因此,我们需要用批判性思维去解释凸透镜对光的会聚作用和凹透镜对光的发散作用,不能只是狭隘地从文字角度来下定论。

(该案例由上海市长岛中学孙瑞敏老师提供)

7. 运动的物体一定需要力吗?

观点:物体的运动需要力来维持。

理由:用水平推力推动桌面上静止的木块,木块沿水平方向运动;推力撤去,木块停止运动。用水平推力推小车,小车运动;撤去推力,小车逐渐停下来。

判断:实际上,这个观点是错误的。

证据:著名科学家伽利略曾通过理想实验,正确地揭示了"运动和力的关系"。图 8-8 所示是模拟伽利略研究力

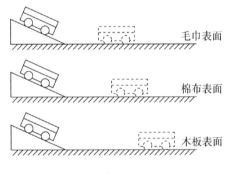

毛巾表面

棉布表面

木板表面

图 8-8

与运动关系的实验示意图。实验时小车从同一斜面的同一高度滑下,观察小车在粗糙程度不同的表面上运动的距离,观察到的现象是小车在毛巾上运动的距离最短,在较平滑的木板上运动的距离最长。假设继续减小粗糙程度,由此运用逻辑推理,可知物体在光滑的水平面上以一定的速度运动,并不需要力去维持,它可以一直以恒定的速度运动下去。

结论:物体的运动不需要力来维持。

(该案例由上海市绿川学校张丽敏老师提供)

8. 如何判断物体运动的快慢？

观点:有些学生认为跑的路程长的运动快,有些学生却认为花的时间短的运动快。

证据:比赛中,观众看谁跑在最前面,裁判看谁先到达终点。

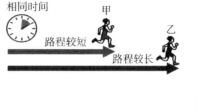

解释:如图 8-9 所示,观众使用的方法是在相同时间内观察物体运动路程的长短来比较快慢;裁判使用的方法是当物体运动路程相同时观察物体运动时间的长短来比较快慢。

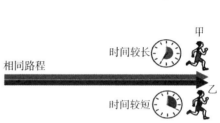

问题:一位同学百米跑用了 12 秒,而一万米跑某运动员的成绩大约是 28 分钟,怎样比较他们运动的快慢?

图 8-9

判断:在运动的时间、通过的路程都不相等的情况下,每秒通过的路程长的物体运动得快,这样就将问题转化为在时间相等的情况下进行比较。在物理学中用速度表示物体运动的快慢。做匀速直线运动的物体,速度等于运动物体单位时间内通过的路程,可用公式 $v = s/t$ 表示。在相同的时间内,物体通过的路程越长,速度越大;物体通过相同的路程,所花的时间越短,速度越大。

(该案例由上海市绿川学校张丽敏老师提供)

9. 摩擦力方向一定与物体运动方向相反吗？

观点:有些学生认为摩擦力就是阻力,总是阻碍物体的运动,所以摩擦力的方向一定与物体运动方向相反。

现由:将手掌压在桌面上并向前用力,使手掌相对于桌面滑动。手掌相对于桌面的运动方向是向前的,手掌受到桌面的滑动摩擦力的方向是向后的。

判断:这个观点是错误的。

证据1:如图8-10所示,在传送带上把物体从低处运往高处时,物体相对于传送带有下滑的趋势,之所以没有下滑是因为受到斜向上的摩擦力,因而物体受到的摩擦力的方向与物体运动方向相同。

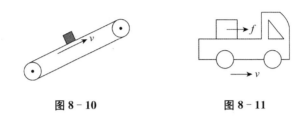

图8-10   图8-11

证据2:如图8-11所示,一辆汽车在平直的公路上运动,车上有一木箱。当汽车在行驶过程中突然加速运动时,木箱相对于地面向前运动,而相对于汽车向后滑动,木箱受到的是向前的摩擦力。

证据3:在桌面上用一个小木块压住一张长纸条,较快地抽动长纸条,观察小木块分别在桌面上和长纸条上的位置变化。快速向右抽动纸条时,小木块相对于纸条和桌面的位置都发生了变化。小木块相对于纸条向左运动,相对于桌面向右运动。同时小木块和长纸条发生了摩擦,木块相对于纸条而言,运动方向向左,作用在木块上的摩擦力方向跟它的运动方向相反——向右。由此可见,参照物不同,所观察到的相对运动方向也不同。因此,摩擦力是两个相互接触的物体发生相对运动或具有相对运动的趋势时,在接触面上产生阻碍相对运动或相对运动趋势的力。

结论:摩擦力对物体而言,总是阻碍物体间的"相对运动",但不是阻碍物体的运动,所以它有时是阻力,有时也是动力。在判断摩擦力的方向时一定要明确"相对"的含义。"相对"既不是对地面,也不是对观察者,"相对"的是与它接触的物体,"相对运动的方向"是以相互摩擦的另外一个物体作为参照物所确定的。而"物体的运动方向"是以地面或相对地面静止的物体作为参照物确定的。

（该案例由上海市绿川学校张丽敏老师提供）

10. 使用简单机械是省力还是费力？

观点 1:使用简单机械能省力。

理由:使用撬棒可以撬动重物。一名瘦弱的女中学生可以利用撬棒这种简单机械,用很小的力撬动很重的大石头,所以说使用机械可以省力。

观点 2:使用简单机械费力。

理由:钓鱼爱好者在使用钓鱼竿钓鱼的时候,鱼的重力比较小,但是手上的用力要比鱼的重力大,说明使用简单机械是费力的。

判断:以上观点都是有道理的。使用简单机械省力与否,须根据具体情况判断,有时候能省力,有时候费力,有时候既不省力也不费力。

证据:杠杆的平衡条件是"动力×动力臂=阻力×阻力臂",即

$$F_1 l_1 = F_2 l_2$$

如果杠杆的动力臂大于阻力臂,根据杠杆的平衡条件可知,动力小于阻力,使用它们就可以省力,这种杠杆叫作省力杠杆。如果杠杆的动力臂小于阻力臂,根据杠杆的平衡条件可知,动力大于阻力,使用它们就要费力,这种杠杆叫作费力杠杆。如果杠杆的动力臂等于阻力臂,根据杠杆的平衡条件可知,动力等于阻力,使用它们既不省力也不费力。

所以使用简单机械在有些情况下是省力的,在有些情况下是费力的,而在有些时候既不省力也不费力。

（该案例由上海市泾南中学陈华老师提供）

11. 使用简单机械是省距离还是费距离？

观点 1:使用简单机械能省距离。

理由:古代用的抛石机利用杠杆原理,力臂短的一端装有重物,而力臂长的一端装有待发射的石弹。发射前须先将放置石弹的一端用绞盘、滑轮或直接用人力拉下,而附有重物的另一端同时会上升,放好石弹后放开或砍断绳索,让重物的一端落下(也可以是人力协助,此时人只需要移动很短的距离),石弹(被加

速了很长一段距离,得到了一个很大的抛出初速度)也顺势被抛出,这样抛出的巨石就可以有很长的射程。这就是一个省距离的例子。

观点 2:使用简单机械费距离。

理由:手摇压水机利用杠杆原理,手摇的一端力臂比较长,完成一次抽水动作时,手的动作要划过很大的一个圆弧,圆弧的弧长约有七八十厘米,而与活塞相连的一端仅仅向上提升了十厘米左右。很显然,利用简单机械费距离。

判断:以上观点都是有道理的。使用简单机械是否省距离,须根据具体情况判断,有时候能省距离,有时候费距离,有时候既不省距离也不费距离。

证据:杠杆的平衡条件是"动力×动力臂=阻力×阻力臂",即

$$F_1 l_1 = F_2 l_2 \text{ 或} \frac{l_1}{l_2} = \frac{F_2}{F_1}$$

上式表明,如果杠杆的动力大于阻力,根据杠杆的平衡条件可知,动力臂小于阻力臂,使用它们就可以省距离,这种杠杆叫作费力杠杆(也可以叫作省距离杠杆)。如果杠杆的动力小于阻力,根据杠杆的平衡条件可知,动力臂大于阻力臂,使用它们就要费距离,这种杠杆叫作省力杠杆(也可以叫作费距离杠杆)。如果杠杆的动力等于阻力,根据杠杆的平衡条件可知,动力臂等于阻力臂,使用它们既不省距离也不费距离。

所以使用简单机械在有些情况下是省距离的,在有些情况下是费距离的,而在有些时候既不省距离也不费距离。

(该案例由上海市泾南中学陈华老师提供)

12. 力臂是支点到力的作用点之间的距离吗?

观点:从支点到动力作用点的距离叫作动力臂,支点到阻力作用点的距离叫作阻力臂。

理由:在学生实验"探究杠杆平衡的条件"的实验报告中,如图 8-12 所示,l_1 和 l_2 分别是支点到动力作用点和阻力作用点之间的距离。

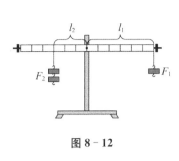

图 8-12

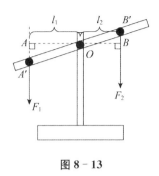

图 8-13

判断:这一观点是错误的。

证据:由我们日常生活经验可知,当力的作用点不变时,如果力的方向发生了变化,为了维持物体原先的运动状态,那么力的大小也会随之发生变化。科学家对这一现象进行了研究,在其他条件不变的情况下,只改变力的方向,支点到力的作用线的距离与力的大小的乘积是一个定值,于是定义了力臂——支点到力的作用线的距离。为什么在本实验中,力臂就等于支点到力的作用点的距离?因为在本实验中,把杠杆的中点支在铁架台上,调节杠杆两端的平衡螺母,使杠杆在水平位置保持平衡,由于用细线系着钩码,挂在杠杆的两侧,动力和阻力分别是左右两侧的细线拉力。杠杆是调节在水平位置平衡,这个时候支点到力的作用线的距离,正好与支点到力的作用点的距离重合。当杠杆不在水平位置平衡的时候,如图 8-13 所示,支点 O 到动力作用线的距离是 OA,而支点到动力作用点的距离是 OA',支点 O 到阻力作用线的距离是 OB,而支点到阻力作用点的距离是 OB',$OA \neq OA'$,$OB \neq OB'$。所以上述观点是错误的。

（该案例由上海市泾南中学陈华老师提供）

13. 使用简单机械省功吗?

观点:使用简单机械是省功的。

理由 1:有学生认为,我们在利用羊角锤撬木板上的图钉时,我们用很小的力就可以把图钉撬起来,而徒手去撬图钉、拔图钉是非常困难的,所以显然使用简单机械是省功的。

理由 2:我们利用一个动滑轮竖直向上提起一个 400 N 的重物,只需要两百多 N 的力就可以把重物提起,而直接用手提起重物就需要 400 N 的力。这对比很明显,使用简单机械可以省功。

判断:以上观点是错误的。

证据:上述理由都混淆了功的概念和力的概念,没有搞清楚机械功和力的关系。

一个力作用在物体上,且物体沿力的方向通过了一段距离,物理学上称这个力对物体做了机械功,简称做了功。机械功包括两个必要因素:一是作用在物体上的力;二是物体在力的方向上通过的距离。这两个必要因素缺一不可。而上述两个理由都在强调省力,的确两个例子都省力了,但是物体在力的方向上通过的距离都变大了,也就是说都费距离了。因此,无法用省力来说明省功。

实际上,我们使用简单机械是费功的。我们直接将重为 400 N 的物体提起 1 m 所需要做的功为

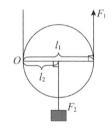

图 8-14

$$W = Fs = Gh = 400 \text{ N} \times 1 \text{ m} = 400 \text{ J}$$

如图 8-14 所示,我们利用动滑轮将同一物体提高 1 m,则活动端移动的距离等于物体向上移动的距离的两倍,$s_1 = 2$ m,而我们对活动端施加的拉力(动滑轮自重为 G')为

$$F_1 = \frac{G + G'}{2} = \frac{400 \text{ N} + G'}{2}$$

因此用动滑轮向上提升重物做的功为

$$W_1 = F_1 s_1 = \left(\frac{400 \text{ N} + G'}{2} \right) \times 2 \text{ m} > 400 \text{ J}$$

所以说使用简单机械是费功的。之所以我们还选择了使用机械,是因为有的机械可以让我们省力,有的机械可以让我们省距离。根据不同的需求,我们做出不同的选择。

(该案例由上海市泾南中学陈华老师提供)

14. 物体吸收热量后,温度一定会升高吗?

观点:在学习热量时,有学生觉得"物体吸收热量后,温度一定会升高"。

理由:当我们用酒精灯加热一杯水的时候,水不断地从火焰上吸收热量,温度不断地升高。

判断:实际上,这个观点是错误的。

证据:我们通过实验记录一块冰融化过程中温度和时间的关系。实验发现,一开始随着加热时间的增加,吸收热量越多,冰的温度逐渐上升,直到杯子中的水变成冰水混合物,此时温度计的示数为0℃。继续加热,冰水虽然不断吸收热量,但温度计的示数却保持不变。当杯子中的冰块全部融化成水后,继续加热,观察到温度计的示数又慢慢升高。

结论:物体吸收热量后,温度并不一定会上升。通过查询资料,我们发现晶体在熔化过程中,情况有别。当物质是固态时,吸收热量,温度升高;当物质是固液共存态时,吸收热量,温度不变;当物质是液态时,温度又会上升。但像松香、沥青等非晶体在熔化过程中,物质吸收热量,温度逐步升高。

(该案例由上海市松江二中初级中学张美老师提供)

15. 物体温度越高,所含的热量越多吗?

观点:在学习热量时,有学生认为物体温度越高,所含的热量就越多。

解释:要解决这个问题,我们要从概念上辨析温度、内能、热量三者的关系。温度是用来表示物体冷热程度的物理量。内能是物体内所有分子做无规则运动的动能和分子势能的总和。一切物体都有内能,物体的内能跟温度的高低、物质的状态都有关系。热量是指在热传递过程中,物体内能的改变量。在热传递过程中,如果高温物体向低温物体转移多少内能,我们就说"高温物体放出了多少热量,低温物体吸收了多少热量"。

也就是说,热量这个词是为"热传递"而专门准备的,离开了热传递来谈"热量"是没有任何意义的,更不能说一个物体含有多少热量了。所以内能是一个状态量,而热量是一个过程量,一个物体有内能,但不能说其具有热量或者含有热量。例如一块滚烫的铁块的温度比一桶冷水的温度高,但是你没有办法比较它们两者的内能大小。如果把铁块放入冷水中,过一会儿铁块温度降低(内能减少),水的温度升高(内能增加),高温的铁块温度降低时就会放出热量,低温的水温度升高时就会吸收热量。

（该案例由上海市松江二中初级中学张美老师提供）

16. 体积越大,质量一定越大吗?

观点 1:有些人认为体积越大,质量越大。

证据:一杯水和一桶水比,一桶水的体积大,所以质量也大。

判断:其实这个观点是不完整的。体积越大,质量越大,是以"同种物质"为前提的。

理由:将体积不同的正方体木块和铁块涂成一样的颜色,放到已调好平衡的天平两边的托盘上,观察到"天平往体积小的铁块这一侧倾斜",说明物质不同时,体积越大,质量不一定越大。

观点 2:平时大家都会说,水比油重,冰比水轻。

证据:冰和油都会浮在水上。

判断:其实这个表述是错误的。"轻重"在物理学中一般是指重力,而平时人们讲的轻重是指质量,这个观点中的"轻重"是在物质体积相同的前提下比较质量大小。

理由:将质量相等的水和食用油分别装入相同规格的烧杯中,然后将烧杯放到已调好平衡的天平托盘上,观察到"天平平衡"。这一现象说明没有前提时水和油也可以质量相等。

由此,我们可知没有"同种物质"这一前提或"体积相同"这一条件,都是不能直接比较质量的。由此引出"探究物质质量与体积的关系"这一探究实验,再来发现物质与质量和体积比值的关系,最终建立"密度"这一概念。

（该案例由上海市三林中学东校董安祺老师提供）

17. 压力越大,作用效果越显著吗?

观点:在很多人的头脑中,一直认为力越大,力产生的形变效果越明显。

理由:我们背书包的时候,书包越沉,背带在肩膀留下的痕迹就越深。

判断:实际上,上述观点是不完整的。

证据:在日常经验中发现,大卡车会安装很多的轮子,这是因为平板大卡车在运送货物时质量很大,对地面压力也就比较大,车轮多可以使卡车对路面产生的形变效果不明显,以保护路面不易被破坏。这说明可以通过增大卡车与地面的接触面积来减小压力产生的形变效果。

一个人在雪地里行走时很容易陷入雪中,这说明人对雪地面产生了明显的形变效果。同样情况下,穿了雪鞋的人就不易陷入雪地。

结论:通过上述现象,说明力对物体产生的形变效果,不但与力的大小有关,还跟物体接触面之间的接触面积大小有关。

(该案例由上海市三林中学东校董安祺老师提供)

18. 如何论证 F/S 可以用来描述力对物体产生的效果?

观点:F 与 S 的比值可以用来描述力对物体产生的形变效果。

证据:提供如下实验数据。

为了探究压力的作用效果与哪些因素有关,某学生用同种材料制成若干个形状不同的物体,并将它们放在同一水平细沙面上,进行了三组实验,记录的有关数据如表 8 - 1 所示。实验时,他仔细观察沙面的凹陷程度,通过比较发现,同一组沙面的凹陷程度相同,而各组却不同,第一组凹陷程度最大,第二组其次,第三组最小。再进一步综合分析,比较(a)(b)(c)中的数据及观察到的现象,并归纳得出结论,以此来引入压强概念。

表 8 - 1　探究压力的作用效果的相同因素

(a)			(b)			(c)		
实验序号	压力(N)	受力面积(cm^2)	实验序号	压力(N)	受力面积(cm^2)	实验序号	压力(N)	受力面积(cm^2)
1	6.0	10	4	3.0	10	7	3.0	20
2	9.0	15	5	4.5	15	8	4.5	30
3	12.0	20	6	6.0	20	9	6.0	40

论证过程:

(1) 为什么不能用压力的大小来描述压力的作用效果?

根据表格中实验序号 1、6、9 的数据,压力的作用效果不仅与压力大小有关,而且与受力面积大小也有关。

(2) 如果不能用压力的大小来描述压力的作用效果,那么应怎么办?

可以求压力大小与受力面积的比值,比值能够反映单位面积上所受的压力大小,可以反映压力的作用效果。

(3) 为什么 F/S 能够反映压力的作用效果?

通过观察发现,(a)(b)(c)各组 F/S 是一个常量,沙面凹陷程度相同,即当 F/S 是一个常量时,压力的作用效果相同,F/S 越大时,压力的作用效果越显著。这说明压力与受力面积的比值可以反映压力的作用效果。

(4) 为什么 S/F 不能够反映压力的作用效果?

如果用 S/F 反映压力的作用效果,会发现:比值越大,压力的作用效果越不显著;比值越小,压力的作用效果越显著。这样的定义不符合人们的思维习惯。所以采用压力与接触面积的比值,可以定义压力的作用效果,最后建立压强概念。

(该案例由上海市三林中学东校董安祺老师提供)

19. 小灯泡不亮是因为没有电吗?

观点:在实验时,有的学生认为“闭合开关后,电路中的小灯泡没有发光,把小灯泡重新连接到其他电源上却可以发光,由此说明第一次实验时小灯泡不发光是因为没有电流流过小灯泡”。

判断:实际上,该观点是不准确的。

解释:导体中有电流通过的时候,导体都要发热,这种现象叫作电流的热效应。小灯泡就是利用电流的热效应工作的用电器。当电流流过灯丝时,灯丝发热,电能转化为内能。当灯丝温度达到 1 700 ℃ 以上时就发出白光,这种状态叫白炽状态。灯丝温度越高,消耗的电能中转化为光能的越多,灯泡越亮。根据焦耳定律 $Q = I^2Rt$,Q 为热量,I 为电流,R 为电阻,可知电阻一定时,电流越小则产生的热量就越少。

证据:可利用电流表进行观察。闭合开关时小灯泡不发光,但电流表的指针偏离零刻度线,这说明电路中存在电流,只是发热功率较小,未达到小灯泡的发光温度,观察不到小灯泡发光。

结论:综上可见,小灯泡不亮并不能说明电路中没有电流。

（该案例由上海民办华曜浦东实验学校张月老师提供）

20. 越靠近电源,灯泡越亮,通过的电流也越大吗?

观点:做串联电路实验时,很多学生观察到靠近电源的小灯 L_1 发光更亮些,就因此认为串联的用电器越靠近电源,通过的电流越大。

理由1:有的学生学习电流时将"电流"类比"水流","用电器"类比"水轮机"。当水推动水轮机做功时,水的动能减小,水轮机的动能增加;通过水轮机后,水的流速变缓,单位时间内通过某一横截面的水量随之减少。那么类比过来,当电荷经过用电器后,由于导体对电流有阻碍作用,电荷流动变缓,单位时间内通过某一横截面的电荷量随之减少,从而电流变小。因此,在串联电路中,靠近电源正极的小灯泡通过的电流大,会亮一些;靠近电源负极的小灯泡通过的电流小,会暗一些。

理由2:学生在探究"串联电路的电流规律"时,按照如图 8 - 15 所示组装电路后,依次在 A、B、C 三点处接入电流表,闭合开关,读出电流表的示数并填入表格,分析发现实验测得的数据并不完全相等。

判断:实际上,上述观点是错误的。

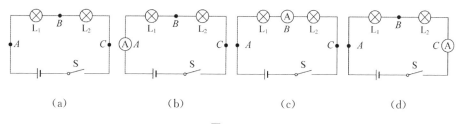

(a)　　　　　　(b)　　　　　　(c)　　　　　　(d)

图 8 - 15

证据1:电荷的定向移动形成电流,而电荷之所以会发生定向移动,是因为受到了电场对它的力的作用。在串联电路中,闭合开关的瞬间,在电源的正负极之间以光速顺着导线的方向形成了稳定的匀强电场,定向移动的电荷在匀强电场下运动状态是完全相同的,所以电流也就处处相同。因此,不管串联的电阻多大,闭合开关后,电路中都会形成稳定的电场,电流处处相同。

证据2:实验时,学生交换两个小灯泡的位置,发现 L_1 虽然靠近电源负极但仍然较亮。这种做法让学生可以直观感受到小灯泡的亮暗与是否靠近电源正极无关。在探究"串联电路的电流规律"时,大多数教师由于器材有限,只准备一个电流表,然后先后在 A、B、C 三点串入电路进行实验,但测量多点电流需要一定的时间,在此时间内电源的波动会产生误差。因此该实验应该严格按照课本要求,在 A、B、C 三点同时接入电流表,并由三位学生同时读数,尽可能减小电源波动对实验结果的影响。

(该案例由上海民办华曜浦东实验学校张月老师提供)

21. 电流与电压,孰为因,孰为果?

观点:"电流与电压的关系""电压与电流的关系"两种说法都正确,电流、电压两个物理量应该是互为自变量和因变量的关系。

理由:有的学生在探究"通过导体的电流与电压的关系"实验中,按图 8-16 所示连接电路,将导体甲连入 M、N 两点,实验时通过改变干电池的节数即导体两端电压,得到不同电压下对应的电流值。从这个实验可以得出电压的变化引起了电流的变化,电压为自变量,电流为因变量。

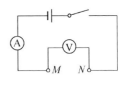

图 8-16

但在学习滑动变阻器时,滑片的移动改变接入电路中的电阻大小,从而根据欧姆定律改变电路中的电流,进而改变导体两端的电压(见图 8-17)。从电路的动态分析中可以看出,这是一个"滑动变阻器阻值的变化—整个电路中电流的变化—导体两端的电压变化"的过程。由此可以得出电流的变化引起了电压的变化,电流为自变量,电压为因变量。

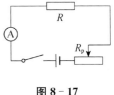

图 8-17

判断:电流与电压两个物理量,只能是电压为因、电流为果,变量关系不能互换。

证据:电压也称作电势差或电位差。在导体两端加上电压,导体内就会形成电场。

导体内部存在大量做无规则热运动的自由电荷,在外加电场的作用下,自由电荷开始沿着(或背着)电场方向定向移动,形成了电流。电压是使自由电荷发生定向移动从而产生电流的原因。

学生在分析滑动变阻器引起电路中的动态变化时,忽略了在串联电路中移动滑片时,恰恰是基于电压不变这一重要前提,才会存在变阻器的阻值发生变化,改变了串联电路中的分压关系,从而改变了电路中的电流这一事实。

(该案例由上海民办华曜浦东实验学校张月老师提供)

22. 使用时间长的用电器一定费电吗?

观点 1:有些学生认为使用时间长的用电器一定费电。

判断:其实此观点是错误的。

证据:对于生活中的这个现象,可以通过电能表进行观察。空调短时间使用,但电能表转动快,即费电;而日光灯即使使用一个晚上,电能表有变化,但也不如使用空调变化明显。

观点 2:费电的多少不是由通电时间决定的。

判断:其实此观点是错误的。

证据:各种用电器在工作时都消耗电能,电能可以转化为其他形式的能。能量转化的过程就是做功的过程,而且做了多少功,就有多少能量发生了转化。从能量转化的角度来看,用电器消耗电能的过程就是电能转化为其他形式的能的过程,因此这个过程就是电流做功的过程。

在通电时间相同的情况下,电功率越大,电流做功越多,消耗电能越多,越费电。在电功率相同的情况下,通电时间越长,电流做功越多,消耗电能越多,越费电。空调的电功率大约在 1 000 W,而日光灯的电功率约在 40 W,空调的电功率几乎是日光灯的 25 倍,所以即使日光灯通电时间长,也没有空调费电。

上述现象表明,费电的多少其实是消耗电能的多少,消耗电能的多少是电流做功多少,电流做功多少由电功率和通电时间共同决定。日光灯虽然通电时间长,但是由于电功率比空调小很多,所以不如空调费电。

(该案例由上海师范大学附属高桥实验中学凌婷老师提供)

23. 电和磁之间有联系吗?

观点:有些学生认为电和磁之间没有任何联系。磁铁能吸引铁钉,即磁铁对铁钉有磁力作用。用丝绸摩擦过的玻璃棒所带的电荷叫作正电荷,用毛皮摩擦过的橡胶棒所带的电荷叫作负电荷,两棒之间能相互吸引,即两物体之间有电的相互作用力。这是两种不同性质的力。

反驳:电和磁之间有联系,电能生磁。比如奥斯特的电流磁效应实验。奥斯特一直信奉康德的思想,认为自然界的各种基本力都是可以相互转化的。他认为电和磁之间必然有某种联系,只是不知道怎么实现。他认为磁会像热和光一样向四周扩散,直到有一天,他把导线和磁针平行放置,然后将磁针移向导线下方,导线通电后磁针转动了。这就是电流磁效应,说明电能生磁,电与磁之间有联系。

其实磁也能生电。法拉第和奥斯特一样,认为既然电荷可以感应周围的导体使它带电,磁铁可以感应铁磁性物体使之磁化,那为什么电流不可以在导体中产生感应电流? 法拉第曾将两根导线平行放置,然后在一根导线中通电,观察另一根导线中是否会产生电流。当时他希望能够看到稳定的电流产生,但没有注意到瞬间的感应电流,这导致以后多次实验也始终没有结果。1831年法拉第设计了一个新的实验才有所突破:在软铁环的两边分别绕上一个线圈,其中一个线圈与由十个电池构成的电池组连接,另一个线圈两端与一个电流计连接。法拉第认为既然电流能磁化铁环,铁环也能产生电流,也就是说电流计的指针会发生偏转。如法拉第猜想,在断开或闭合电路的瞬间,指针发生了偏转,但在其他时候指针没有偏转。之后法拉第将铜导线缠绕螺线管,铜导线的两端接上电流计。然后他将一根磁铁插入螺线管中,电流计的指针动了一下,但随后又停止了;当磁铁从螺线管中抽出时,指针又动了一下,但是电流方向与插入时相反。于是他便手持这根磁铁,不断地将其插入和抽出铜管,指针显示出了持续的电流。这就是法拉第电磁感应现象。

(该案例由上海师范大学附属高桥实验中学凌婷老师提供)

24. 磁感线这个物理模型是如何建立起来的?

观点:有些学生认为磁场看不见、摸不着,所以很难确定它的分布情况。

反驳:这个观点不对,我们可以通过一定的方法研究磁场的分布。奥斯特实验用的是一根直导线,后来科学家们又把导线弯成各种形状,比如螺线管。在螺线管周围放一小磁针,给螺线管通电,观察小磁针的偏转方向是否发生变化。小磁针的偏转方向的确发生了变化,证明有磁场,并且通过研究发现螺线管的磁场与条形磁铁类似(见图 8 - 18、图 8 - 19)。

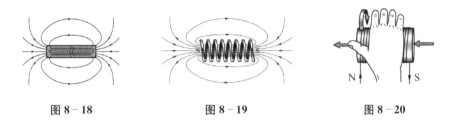

图 8 - 18　　　　　　　图 8 - 19　　　　　　　图 8 - 20

问题:螺线管极性与电流方向有关吗? 如果有关系,是什么关系?

解释:将小磁针放在螺线管的两端,通电后观察小磁针的 N 极指向,从而判别出通电螺线管的 N、S 极;再改变螺线管中电流的方向,观察小磁针的 N 极指向有没有变化。实验发现,改变电流后螺线管的 N 极和 S 极也随着发生变化,说明通电螺线管的极性与电流的方向有关,即电流的方向变化时,通电螺线管的磁性也发生改变。通电螺线管的磁场和条形磁铁的磁场类似,其与电流的关系可用右手螺旋定则判断。右手四个手指环绕的方向为电流的方向,右手大拇指的方向为 N 极的指向(见图 8 - 20)。

(该案例由上海师范大学附属高桥实验中学凌婷老师提供)

25. 原子真的存在吗?

问题:原子那么小,人眼是无法分辨的。化学家在化学反应前后怎么就能发现几十种元素的原子呢?

解释:仅仅用人眼的直接观察来确定事物是否真实存在,是片面的。例如,人眼无法直接观察到空气,但人们可以通过其他工具或方法证实空气的存在。

化学家发现原子是基于对化学实验的定量分析。

(1) 1806 年,法国化学家普鲁斯托发现,几种物质生成某种化合物时,参加反应的这几种物质的质量比是一定的,多余的物质不参加反应(见表 8-2)。

表 8-2 普鲁斯托的发现

化合物	反应物	质量比
CO_2	C 与 O	3:8
H_2O	H 与 O	1:8

(2) 英国的道尔顿在前者基础上进行了更细致的实验,发现用甲、乙两种单质生成不同种化合物时,若控制甲物质的质量一定,那么所消耗的乙物质的质量成简单的整数比(见表 8-3)。

表 8-3 道尔顿的发现

化合物	反应物的质量比(N:O)	反应物中,O 相对 N 的质量是确定值的几倍	各化合物中氧的质量倍数比
N_2O	1:0.571	$0.571 = 1 \times 0.571$	
NO	1:1.142	$1.142 = 2 \times 0.571$	
N_2O_3	1:1.713	$1.713 = 3 \times 0.571$	1:2:3:4:5
NO_2	1:2.284	$2.284 = 4 \times 0.571$	
N_2O_5	1:2.855	$2.855 = 5 \times 0.571$	

例如,氮与氧两种物质可生成 N_2O、NO、N_2O_3、NO_2、N_2O_5,若生成以上化合物用的氮的质量相同,那么所消耗的氧的质量比是整数。同样,若以乙物质为标准,各化合物中甲物质的质量比也是整数比。换用其他化合物进行实验,结果均为简单的整数比。

为什么是简单的整数比? 道尔顿在德谟克利特的原子学说基础上做出了这样的解释:物质由一个一个不可再分的颗粒——原子构成,参加化合反应的正是这一个一个的不可再分的原子,所以才会出现参加化合反应的物质质量是整数比。这也说明反应物质的质量是某个确定值的整数倍,而这个确定值就是这种物质原子的质量。同种物质这个确定值相同,即同种物质原子质量相同;不同种物质这个确定值不同,即不同种物质的原子质量不同。

1807 年,道尔顿建立了第一个原子结构模型:一个极微小的、坚硬的、不可再分的实心球体。

(该案例由上海市三林中学北校徐强老师提供)

26. 为什么说电子是原子的组成成分?

问题:汤姆孙是怎么发现了带负电的微粒——电子的?

解释:(1) 阴极射线是阴极射出的微粒。

实验现象:当产生阴极射线时,真空管内叶轮开始转动并移动。

说明:阴极射线是阴极射出的微粒,微粒撞击叶片,使其转动并移动。

(2) 阴极射线是带负电的微粒。

实验现象:用磁铁靠近真空管内的阴极射线,射线发生显著偏折。

说明:这些微粒带有电荷,电荷的定向移动形成电流,电流在磁铁周围的磁场作用下,形成了射线偏折;根据左手定则,判断出粒子带有负电荷。

问题:怎么就认定电子是构成原子的微粒?

解释:(1)微粒是从阴极的金属板上射出来的,是金属板的一部分;(2)阴极射线的微粒比原子要小得多,经过实验测量和计算得出,其质量小于氢原子质量的千分之一,而氢原子是质量最小的原子。

因此,汤姆孙得出结论:原子中有比原子更小的微粒——电子,原子可再分。

(该案例由上海市三林中学北校徐强老师提供)

27. 为什么说原子是有核的?

问题:卢瑟福如何证明原子是有核的?

解释:1909 年,卢瑟福用 α 粒子轰击金箔,试图验证原子的“葡萄干蛋糕模型”。

已知 α 粒子带正电荷,电荷量是电子的 2 倍,质量约为电子的 7 300 倍,金原子的质量约是 α 粒子的 50 倍。实验时,用准直的 α 射线轰击厚度为 0.4 μm 的金箔(金的原子量是 197)。

卢瑟福的实验现象如图 8-21、图 8-22 所示:绝大多数的 α 粒子都照直穿过薄金箔,角度偏转很小,少数 α 粒子发生较大角度的偏转,极少数 α 粒子偏转角大于 90°,个别甚至被弹回。

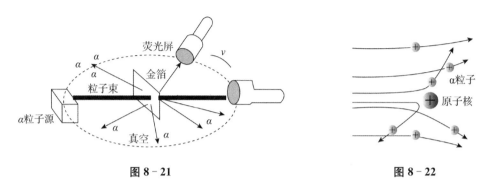

图 8 - 21   图 8 - 22

问题:用汤姆孙的"葡萄干蛋糕模型"能否解释这一现象?

解释:不能。若金原子内部正、负电荷是均匀分布的,那么射入金箔的 α 粒子的出射或反射的情形也应大体相近,但事实上出现了 α 粒子照直射出与大角度散射两种迥异的现象。显然,"正、负电荷在原子内部是'均匀分布'的"这个假设不能成立,而是"不均匀分布"的。

问题:入射 α 粒子中发生大角度散射的部分,主要是受到了金原子中电子的影响还是带正电荷物质的影响?

解释:受到电子影响的可能性微乎其微。因为 α 粒子的质量是电子质量的7 300 倍,电子对 α 粒子运动速度的影响就像灰尘对炮弹的影响一样,可以忽略。因此只可能是带正电荷的物质使 α 粒子发生了大角度散射。

根据实验统计,入射的每 8 000 个 α 粒子中只有 1 个 α 粒子发生大角度散射,卢瑟福据此认为带正电荷的物质集中在原子中极小的空间内,称之为原子核。入射的 α 粒子接近或接触这个核就会大角度散射。已知电子的质量不足原子质量的千分之一,所以原子中带正电荷的物质的质量几乎就是原子的全部质量,而金原子的质量是 α 粒子质量的

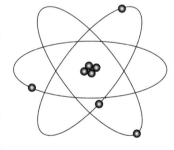

图 8 - 23

50 倍,当 α 粒子接近或接触 50 倍于自身质量的物质时,发生大角度散射的可能性一定存在。

另外,由于带正电荷的物质集中在原子中极小的空间,电子质量又极小,因此卢瑟福认为原子中大部分是空的,这也是绝大部分入射的 α 粒子能照直射出金箔的原因。

1911 年,卢瑟福根据 α 粒子散射实验,设想电子像行星环绕太阳运转一样,在核外绕核旋转。这一模型叫作"行星模型",如图 8-23 所示。

(该案例由上海市三林中学北校徐强老师提供)

28. 能量既然是守恒的,为什么还要节约能源?

观点:既然能量是守恒的,我们没必要节约能源。

理由:当我们使用各种能源时,如燃烧汽油驱动汽车、用点燃的天然气烹饪、摄入各种食物补充体能等,节约也好,不节约也罢,根据能量守恒定律,总的能量是恒定不变的。

判断:以上观点是错误的。

解释:能源是指提供能量的物质资源。可以说,一般的物质都具有能量,如化学能、内能、核能等,但物质具有的所有能量并不一定能为人们所用。如汽油通过燃烧将其化学能转化为内能,再转化为汽车的机械能,使汽车工作。然而还有一部分能量在转化为内能后,通过热传递转移到了其周围物体,使得周围物体的内能增加;同时汽车发动机各部件之间、行驶的汽车车身与空气之间、车轮与地面之间等都存在摩擦,克服这些阻力做功必然要消耗汽油的一部分化学能,转化为以上各部分的内能,表现为温度升高。整个过程中能量是守恒的,但那些来源于汽油、使周围物体变热的能量还能用于驱动汽车吗?当然用不了。随着热传递不断向外散开,收集这些能量也是不太可能的,能源的品质在退化,且是一个不可逆的过程。点燃的天然气和通过摄入食物补充体能的人体也都会将部分能量以内能的形式散发到周围环境,而这些能量同样是虽然存在但很难为人们所用。

因此,如果不开发可利用的新能源,又不注意节约现有能源,可以为人类所用的能源会越来越少,即使能量的总和并未改变,也难免使人类面临无可用能源的危机。

(该案例由上海市三林中学北校徐强老师提供)

高中物理教材中批判性思维元素的发掘

1. 质点概念是如何建立的?

事实:给学生一把尺子,让学生测量一本书通过课桌所经过的距离是多少。学生经过实践之后,有的认为是课桌的长度,有的认为是课桌的长度加上书本的长度,有的认为是课桌的长度减去书本的长度。

问题:为什么会出现不同的答案?

判断:实际上是由书本本身的大小导致的,在测量一本书从课桌的一端到完全离开另一端所经过的距离时,应该是课桌的长度加上书本的长度。

解释:我们仔细分析生活中的一些问题,都会由于物体的形状和大小导致一些疑惑。比如,有人会问:"你现在走到哪里了?"你可能会说:"我走到校门口了。"但是,仔细思考会发现"我"的身体的什么部位在门口,是自己的脚还是手,这个问题仔细分析起来挺复杂的。在实际问题中,有时候我们可以不必计较物体的大小和形状。比如,汽车从上海到南京,研究汽车通过的路程。在测量中就不像书本通过课桌那样有明显的分歧,大家都认为可以不必考虑汽车的形状和大小,也就是把汽车当作一个"点"来考虑。这样就能够把一个物体的运动大大地简化了。而书本的尺度与课桌的尺度具有可比性,书的尺度不能忽略不计,所以书本经过课桌的距离应该是课桌的长度加上书本的长度。

问题:在什么情况下可以把物体当作一个"点"?

判断:当物体各部分的运动情况都相同,或物体的形状和大小对研究的问题的影响可以忽略不计的时候,可以把物体当作一个有质量的"点"来看待。

解释:研究物体运动时,如果物体各部分的运动情况都相同,我们可以把物体抽象成一个有质量的"点"来看待,这个"点"的运动特征就表征整个物体的运动特征了。另外,即使物体各部分的运动情况不相同,但在某些情况下,各部分运动的区别对于研究的物理问题而言不重要,各部分运动的差异性可以忽略,此时也可以用一个"点"来代替它。例如,研究地球绕太阳的公转、研究火车的整体运动等。

问题:是不是体积大的物体不能被当作质点,只有体积小的物体才可以被当作质点?

判断:这种认识是错误的。能否将物体视为质点,关键看研究的具体问题,而不是看物体的实际大小和形状。

解释:比如上面提到的研究地球绕太阳的公转时,尽管地球体积很大,但仍然能够被看成质点。再如在研究双原子分子的振动及转动时,小小的分子却不能被看成质点了。物体能否被看成质点,与物体本身的大小没有必然的关系。

（该案例由上海市浦东复旦附中分校何振嘉老师提供）

2. 如何论证时间非常短时的平均速度就是某点的瞬时速度?

事实:物体做变速直线运动的位移-时间图像如图 9-1 所示,分别求 P 点附近在不同的时间间隔内的平均速度。

1 s 内的平均速度: $\bar{v}_1 = \dfrac{\Delta s_1}{\Delta t_1} = \dfrac{2.0}{1.0}$ m/s=2.0 m/s;

0.1 s 内的平均速度: $\bar{v}_2 = \dfrac{\Delta s_2}{\Delta t_2} = \dfrac{0.22}{0.10}$ m/s=2.2 m/s;

0.01 s 内的平均速度: $\bar{v}_3 = \dfrac{\Delta s_3}{\Delta t_3} = \dfrac{0.022\,1}{0.01}$ m/s=2.21 m/s。

判断:上述 0.01 s 内的平均速度 $\bar{v}_3$ 更接近于 P 点的瞬时速度,最终 P 点的瞬时速度大小为图线中过 P 点的切线斜率的大小。

解释:在 P 点附近取时间 Δt 内的平均速度为 $\bar{v} = \dfrac{\Delta s}{\Delta t}$,平均速度 $\bar{v}$ 在图像中表示为割线 AB、$A'B'$、$A''B''$ 的斜率大小。如果 Δt 取得很短,这一平均速度更加

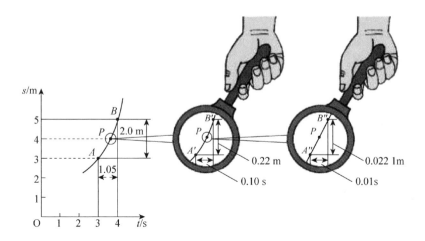

图 9-1

接近于 P 点的瞬时速度;如果 Δt 取无限短,割线将变为过 P 点的一条切线,其斜率大小就是 P 点的瞬时速度大小了。所以上述几个平均速度中,0.01 s 内的平均速度 v_3 更接近于 P 点的瞬时速度。

结论:时间越短时的平均速度,越逼近该点的瞬时速度。当时间无限短时,该段的平均速度可以认为是该点的瞬时速度。在 s-t 图像中,某点切线的斜率大小数值上等于该点瞬时速度的大小。

(该案例由上海市浦东复旦附中分校何振嘉老师提供)

3. 加速度增大时速度一定增大吗?

观点:物体运动的加速度不断增大,其速度也在不断增大。

理由:物体做变加速直线运动,加速度增大,说明速度增加得快,速度在不断增大。

判断:实际上,上述观点是错误的。

解释:加速度是描述物体速度变化快慢的物理量,其大小仅仅表明速度变化的快与慢。一个物体做减速运动时,可能会出现加速度在增大而速度在减小的情况。

判断:速度是增加还是减小,关键看加速度方向和速度方向是否一致。

解释:在变速直线运动中,物体加速还是减速取决于加速度方向与速度方向之间的关系。当两者方向相同时,速度就会增大,物体做加速直线运动;反之,则速度就会减小,物体做减速直线运动。

结论:加速度增大,则速度变化越快;加速度减小,则速度变化越慢。当加速度方向与速度方向相反时,即便加速度的大小逐渐增大,而速度还是减小的,只不过速度减小的快慢程度在逐渐变大而已,所以物体运动的加速度在不断增大,其速度不一定在增大。

（该案例由上海市浦东复旦附中分校何振嘉老师提供）

4. 用什么证据反驳亚里士多德"重的物体一定下落得快"的观点?

事实:在《关于两门新科学的对话》中,伽利略借他的化身萨尔维阿蒂,批驳物体下落速度与重量成正比的说法。"萨:如果我们取两个自然速率不同的物体,把两者连在一起,快者将被慢者拖慢,慢者将被快者拖快。你同意我的看法吗? 辛:毫无疑问,您是对的。萨:假如这是真的,并且假如大石头以 8 的速率运动,而小石头以 4 的速率运动,两块石头在一起时,系统将以小于 8 的速率运动,但是两块石头拴在一起变得比原先速率为 8 的石头更大,所以更重的物体反而比更轻的物体运动慢,这个效果与您的设想相反。"

伽利略从亚里士多德论断中推出了互相矛盾的结果。为了摆脱这种困惑,伽利略提出了自己的猜想:重物与轻物下落得一样快,并用落体实验进行检验。

判断:可以列举事例来论证物体下落得快慢与物体的质量是无关的。

证据:我们让三张 A4 纸从某一高度由静止下落,一张平放、一张围成一个圈、一张捏成一个很小的纸团,观察到三张纸下落的时间不一样。

判断:在日常生活中,影响物体下落快慢的因素还有空气阻力。

解释:三张 A4 纸中,捏成小纸团的那张纸在运动过程中所受空气阻力最小,所以其下落最快。相反,平放的那张纸在运动中受到空气阻力最大,其下落的时间最长。

判断:质量不同的两物体下落得几乎一样快。

证据:取两个质量不一样的重球,使它们从离地十几米的高处由静止下落,可以观察到它们几乎同时落地。将牛顿管里的空气尽量抽出,演示羽毛和铁片从同一高度由静止下落,结果羽毛和铁片几乎下落得一样快。

结论:在真空环境下,重的物体与轻的物体下落得一样快,即物体下落得快慢与物体的质量无关。

(该案例由上海市浦东复旦附中分校何振嘉老师提供)

5. 为什么我们要按照力的性质来将各种力进行分类?

问题:在生活中,当我们列举常见的力时,常常会说重力、弹力、压力、支持力、拉力、推力、浮力、摩擦力、动力、牵引力、阻力等,这种描述力的方式是否存在逻辑问题?

判断:这种描述中存在并列和包含的矛盾。

解释:重力、拉力、摩擦力既可能是动力,也可能是阻力,而压力、支持力、拉力等在产生的原因上又都属于弹力。为了更加系统地学习力学知识,我们需要将各种力进行分类。

问题:我们为什么要按照力的性质将力进行分类?

解释:物理学是一门研究物体基本运动规律和物质基本结构的学科。力是改变物体运动状态的原因,寻求发现和了解客观世界的基本现象、基本规律,离不开对力的研究。在生活中,常常会根据力产生的实际效果来简单命名力。如按照这个力是向下压物体、向上支持物体、拉动物体、推动物体,将力命名为压力、支持力、拉力、推力等,但是这却无法说明这些力产生的原因。当我们想要统一这些力时,会发现这些力都是发生了弹性形变的物体由于要恢复原状,对引起形变的物体产生的作用力,因而可以用弹力将以上众多的力统一起来。

地球表面以上的物体始终有向地面运动的趋势,地球附近的天体始终绕着地球运动,这些看似不同的运动,却通过牛顿提出的万有引力将天上地上的运动得到了统一。可见,将力按照力的性质来分类,有助于我们对物体本质规律的研究。

(该案例由上海外国语大学附属浦东外国语学校孟婷老师提供)

6. 为什么重力的方向是竖直向下的,而不是指向地球的球心?

观点:重力是地球表面附近的物体由于地球的吸引而产生的力。从力的性质上来说,属于万有引力,而万有引力的方向在两个物体的质心的连线上。如图9-2所示,假设地球为一个球体,而地面上的物体 A 可以看作一个质点,那么 A 受到的万有引力方向沿着 AO 指向球心方向,所以 AO 即重力的方向。

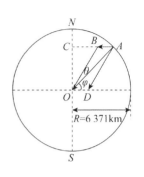

图 9-2

判断:以上观点是错误的。

解释:地球表面附近的物体在地球的万有引力作用下产生两个作用效果,对应了两个分力。一是使物体始终有向下运动的趋势,即重力;二是使物体随着地球一起转动,即向心力。图中物体 A 做圆周运动的向心力沿着 AB 方向,以 AO 为对角线,以 AB 为邻边作出平行四边形后,平行四边形的另一条邻边 AD 即为重力。可见,重力的方向沿着 AD 方向,而非 AO 方向。我们把 AD 方向称为竖直向下,可见它并不指向球心。

A 点的位置越靠近地球的两极,圆周运动的半径 AC 越小,平行四边形中分力 AB 的大小也越小,分力 AD 的大小越大,AD 与 AO 更加接近。A 点的位置越靠近赤道,圆周运动的半径 AC 越大,平行四边形中分力 AB 的大小也越大,分力 AD 的大小越小。

可见,同一物体置于地球上不同的纬度位置,其重力的大小是不同的,方向也是不一样的。

(该案例由上海外国语大学附属浦东外国语学校孟婷老师提供)

7. 摩擦力的方向总是与物体的运动方向相反吗?

观点:摩擦力总是发生在物体的接触面处,由于物体与接触面发生相对运动或有相对运动趋势而产生,所以摩擦力总是阻碍物体的运动,且摩擦力的方向与物体的运动方向相反。

理由:足球踢出后,在草地上运动,由于摩擦力的作用,运动得越来越慢。摩擦力阻碍足球的运动,摩擦力方向与足球运动方向相反。

判断:摩擦力的方向总是与物体相对于接触面的运动方向相反,而不一定与物体相对于地面的运动方向相反。摩擦力有时促进物体运动,有时阻碍物体运动,并不总是阻力。

证据:传送带上的行李在轻轻放上传送带的时候,相对于传送带有向后运动的趋势,因而受到的摩擦力方向向前,与行李运动方向相同,摩擦力促进行李向前运动。

问题:摩擦力的方向与物体运动方向有什么关系吗?

判断:摩擦力的方向与物体运动方向无关。

证据:以倾斜的自动扶梯为例。假设自动扶梯做匀速直线运动,人相对于自动扶梯静止,不管自动扶梯和人处于上行还是下行,人受到的摩擦力都是沿扶梯的斜面向上的,所以摩擦力的方向与物体的运动方向无关。

结论:物体运动时,受到的摩擦力方向可能与运动方向相同,也可能与运动方向相反,即摩擦力的方向与物体的运动方向无关。

(该案例由上海外国语大学附属浦东外国语学校孟婷老师提供)

8. 负数一定表示比正数小吗?

观点:在数轴上,负数是在"0"左边的数,而正数是在"0"右边的数,负数一定比正数小。物理量的正负与数轴上的正负意义类似,如温度计上的 3℃ 表示零上 3℃,−5℃ 表示零下 5℃,−5℃ 的温度一定低于 3℃。

反驳:在一维坐标轴中,$x_1 = 3\ m$ 表示质点的位移为正方向 3 m,$x_2 = −4\ m$ 表示质点的位移为负方向 4 m。此处的负号表示位移的方向,如果我们要比较位移的大小,显然有 x_2 的大小大于 x_1 的大小。

问题:在物理概念中,负号可以表示哪些信息?

解释:有些负号可以表示矢量的方向。比如力、位移、速度、加速度等物理量,既有大小,又有方向。当我们规定了正方向后,若这些物理量与规定的正方向相反,则用负号表示。例如,规定了向东为正方向,则 $F = −5\ N$ 表示力的大小为 5 N,方向向西;$v = −2\ m/s$ 表示速度的大小为 2 m/s,方向向西。

问题:物理量中,有正、负的量一定都有方向吗?

解释:标量也有正、负,但是却没有方向。例如,用负号来表示物体克服外力做功。$W_1=3\,\mathrm{J}$ 表示外力对物体做了 3 J 的正功,$W_2=-5\,\mathrm{J}$ 表示物体克服外力做了 5 J 的负功。比较两次做功的大小时,有 $W_1<W_2$。

结论:物理量用负数表示的不一定比正数小。

(该案例由上海外国语大学附属浦东外国语学校孟婷老师提供)

9. 为什么惯性大小与速度无关?

观点:速度越快的物体,惯性越大。

理由:两辆质量相同的货车,高速时比低速时停下来更困难。

判断:惯性与质量有关,与速度无关。

解释:惯性是指物体具有保持原来匀速直线运动状态或静止状态的性质。惯性的大小是保持原来运动状态"本领"的大小,也就是改变物体运动状态的难易程度。这个"难"和"易",表现为相同外力下的速度变化的快慢情况。也就是在相同外力作用下,物体的运动状态越难改变,物体的惯性就越大。物体运动状态改变就会产生加速度。加速度越小,在相同时间内,速度变化就越小,物体运动状态更难改变。根据牛顿第二定律 $F=ma$ 可知,同样外力作用下,质量越大的物体加速度越小,物体运动状态难改变。所以质量越大的物体,惯性越大,而与物体的速度无关。

质量相同的两辆货车,在相同力的作用下,根据牛顿第二定律,货车的加速度相同,运动状态改变的难易程度相同,它们的惯性是一样的。为什么会产生高速的货车停下比低速的货车停下要困难的错觉? 可能我们是从高速的货车滑行距离,或者是从运动到停止所用时间来衡量惯性的大小。但惯性的大小并不是指运动距离或时间长短。

结论:物体的惯性大小与物体运动的速度无关。

(该案例由上海市洋泾中学许韵画老师提供)

10. 有了牛顿第二定律,牛顿第一定律是多余的吗?

观点:有的学生认为"有了牛顿第二定律,牛顿第一定律是多余的"。

理由:牛顿第一定律中提出,当物体不受外力时,物体总保持匀速运动状态或静止状态。而牛顿第二定律 $F＝ma$,从表达式可以推出,当合外力 $F＝0$,物体的加速度 $a＝0$,物体保持静止或匀速运动状态。

牛顿第一定律中提出,力是改变物体运动状态的原因。牛顿第二定律 $F＝ma$,从表达式可以推出,当合外力不等于零时,物体的加速度不为零,即物体有加速度,说明物体的状态一定在改变。

判断:上述观点是不对的。

解释:牛顿第一定律中提出,物体具有保持静止状态或匀速运动状态,它指出了保持静止状态和匀速直线运动状态是物体本身的属性,与物体是否受外力没有关系。而牛顿第二定律并没有体现出这一观点。

牛顿第一定律揭示惯性是物体本身的属性,但并没有揭示惯性的大小由什么因素决定。根据牛顿第二定律可知,当物体受到的外力相同时,物体的质量越大,其加速度越小,说明物体状态难改变,从而可以推出质量大,惯性大。反之,质量小,惯性小。"质量是物体惯性大小的量度"是从牛顿第二定律才能分析得出的。

牛顿第一定律定义了惯性和力,并且定性分析了力与运动的关系,牛顿第二定律从定量上分析了力与运动的关系。

结论:牛顿第一定律与牛顿第二定律是紧密相连的。牛顿第一定律揭示了物体有惯性,力是产生加速度的原因,而牛顿第二定律阐述了物体运动的加速度与物体的质量及合外力间的定量关系,是牛顿第一定律研究内容的深化。

（该案例由上海市洋泾中学许韵画老师提供）

11. 为什么要建立国际单位制?

事实:科学技术的发展,特别是物理学的发展,与人类的观测能力密切相关。观测得越精确,就越能细致地描述自然现象,越有可能从理论上解释各种自然现象。观测精度的提高和计量制度的完善是科学文化进步的重要标志,也是物理学发展的必要条件。科学技术的发展史很自然地交织着计量科学的发展史。第二次世界大战后,出现了进一步加强国际合作的趋势,迫切要求改进计量单位和单位制的统一。

判断：在国际上，计量单位和单位制的统一非常重要。

解释：以前，多种单位制并存的局面使各国科技人员伤透了脑筋，贻误了许多工作。1954年第十届国际计量大会决定将实用单位制扩大为六个基本单位，即米、千克、秒、安培、开尔文和坎德拉。1960年第十一届国际计量大会决定将以上述六个基本单位为基础的单位制命名为国际单位制，并以SI表示。1971年第十四届国际计量大会增补了一个基本量和单位，这就是"物质的量"及其单位——摩尔。国际单位制中还规定了一系列配套的导出单位和通用词冠，形成了一套严密、完整、科学的单位制。

国际单位制的提出和完善是国际科技合作的一项重要成果，也是物理学发展的重要标志。国际单位制比其他单位制有许多优点：一是通用性，适用于任何一个科学技术部门，也适用于商品流通领域和社会日常生活；二是科学性和简明性，构成原则科学明了，采用十进制，换算简便；三是准确性，单位都有严格的定义和精确的基准。

结论：建立国际单位制的目的是让各国计量能够统一，以便国际科学技术的交流和商业往来。

（该案例由上海市洋泾中学许韵画老师提供）

12. 真空中光速是自然界中速度的极限吗？

观点：真空中的光速不是自然界中速度的极限。

理由：速度是矢量，根据矢量合成的法则，如果一个人拿着开着的手电筒向前照射的同时还不停向前运动，那么光速与人的运动速度之和就是合速度，比真空中的光速要快。

判断：以上观点和理由都是错误的。

解释：罗默于17世纪70年代首先获得光速有限的证据，他定期观测木星的卫星运动，发现由于木星的遮掩造成的卫星蚀，时间间隔不规则。经过仔细推算，他证明这是由于地球运行在轨道的不同部位，光从木星卫星传到地球的时间有差异的缘故。阿拉果认为如果发光体和观测者的运动速度不同，光速应有差别。他做了一个实验,在望远镜外用消色差棱镜加于望远镜视场的半边,然后用望远镜观测光行差,但是实际测量结果却是经过棱镜和不经过棱镜的两边,光行差完全相同。其实这正说明经典的速度叠加原理不适用于光的传播。

对于光来说,如果经典的速度叠加原理适用的话,运动光源发出的光的速度应当比由静止光源发出的光的速度要快。然而美国物理学家迈克尔逊及莫雷关于光的实验结果却与以上观点不一致。实验结果表明,光源无论是运动还是静止,光的行进速度都是恒定的。

1905 年,爱因斯坦颠覆过去所有的猜测和想法,提出了一种合理的解释:光速不变原理。光速不变原理是爱因斯坦的狭义相对论的最基本的出发点,它可以通过联立麦克斯韦方程组解得,也已由迈克尔逊-莫雷实验证实。

结论:对于任何参照系而言,光速都是不变的,所以光速是自然界中速度的极限。

(该案例由上海市洋泾中学许韵画老师提供)

13. 有了线速度,为什么还要引入角速度? 角度为什么选用弧度制?

观点:有学生认为,线速度已经是描述圆周运动快慢的物理量了,再引入角速度似乎没有什么意义。

判断:以上观点是错误的。

解释:在讨论做圆周运动的物体的运动情况时,线速度并不能全面表示出圆周运动的快慢。例如,地球绕太阳每秒公转的弧长是 29.79 km,月球公转每秒运动的弧长为 1.02 km,可以得到地球运动得比较快;但从另一方面来看,地球 1 年转一圈,月球 1 个月转一圈,看似月球运动得比较快。那么究竟谁做圆周运动更快呢? 单位时间内运动的弧长是地球比较大,但单位时间内转过的角度是月球比较大,因此引入角速度的概念能从转动扫过的角度更全面地描述圆周运动的快慢。

问题:为什么要选用弧度制,而不采用角度制?

解释:使用弧度便于我们建立角速度和线速度的关系。历史上人们为什么要用 360° 表示角度? 一方面因为数学建立早期的历史原因,另一方面因为 360

可以被很多数字整除。在数学上表示角度的方法也是弧度,它等于弧长与半径的比值,同样大小的圆心角虽然圆的半径大小不同,但它们的比值是固定的,因此弧度可以准确地反映角度的大小。另外,如果以 360° 的角度制来寻找关系 $v=\dfrac{s}{t}=\dfrac{\theta \cdot 2\pi r}{360 \cdot t}=\omega \dfrac{2\pi r}{360}$,如果以弧度制寻找两者关系是 $v=\dfrac{s}{t}=\dfrac{\varphi r}{t}=\omega r$,两者对比可明显发现以弧度制来定义的角速度和线速度的关系表达更加简洁直观。

结论:为了全面地描述圆周运动的快慢,必须引入线速度和角速度这两个物理量,且度量角度时应选用弧度制。

(该案例由上海南汇中学苟士波老师提供)

14. 向心加速度与半径是成正比还是成反比?

问题:有学生根据公式 $a=\dfrac{v^2}{r}$,得到向心加速度 a 与圆周运动的半径成反比,但根据公式 $a=\omega^2 r$,得到加速度 a 与半径成正比。为什么会得到两个截然相反的结论呢?

判断:上述截然相反的结论都有各自不同的前提。

解释:如图 9-3 所示,两个圆盘状的轮子由一根皮带相连,其中一个轮子转动时会带动另一个转动,皮带和轮子之间不打滑。P、Q 两点在轮子的边缘,S 与 P 两点在同一个圆盘上。在装置转动时,P、Q 两点因为在相等的时间内通过的弧长相等,故它们的线

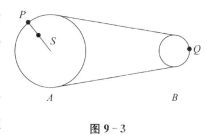

图 9-3

速度大小相等,那么由公式 $a=\dfrac{v^2}{r}$ 可得,P 和 Q 两点的向心加速度与圆周运动的半径成反比。同理,P、S 两点在相等的时间内转过的弧度相等,即它们的角速度是相等的,则由公式 $a=\omega^2 r$ 可得,P、S 两点的向心加速度与半径成正比。

结论:当两物体的线速度大小相等时,两物体的向心加速度与圆周运动的半径成反比;当两物体的角速度大小相等时,两物体的向心加速度与圆周运动的半径成正比。因此在讨论超过三个物理量之间的关系时,必须控制其中的一个物

理量保持不变,才能得出两个物理量的关系。

(该案例由上海南汇中学苟士波老师提供)

15. 水杯倒置时,水为什么没有漏下来?

观点:将水杯的开口端向下倒置,水必定会流出来。

理由:对杯中的水进行受力分析(不考虑摩擦力与空气阻力),水受到了重力,水的下方是开口的,侧壁只会产生水平方向上的力。水受力不平衡,在重力的作用下,会向下运动。

判断:实际上,这种观点和理由是错误的。

证据:在杂技项目"水流星"中,演员快速转动绳端,碗内的水在最高点时完全倒置,但里面的水却不会流出来。我们拿盛有水的水杯来做个实验,用绳子拴住水杯,让水杯在竖直平面内快速转动,发现里面的水也不会流下来。

问题:水杯倒置时,水为什么没有漏下来?

解释:物体做圆周运动时需要向心力,水杯中的水在最高点时,它受到重力,另外杯底可能会给水一个弹力,重力和弹力共同提供向心力。如果速度达到某个值时,弹力为零,重力刚好全部提供向心力,此时水恰好不会掉下来。

由牛顿第二定律可得,当 $mg=m\dfrac{v^2}{r}$ 时,可知:$v=\sqrt{gr}$。

结论:水杯在竖直平面内做圆周运动,当水杯运动到最高点时,会有三种情况。当 $v=\sqrt{gr}$ 时,水的重力恰好全部提供向心力,使水能够做圆周运动;当 $v<\sqrt{gr}$ 时,部分重力提供向心力,因此重力会使水向下运动;当 $v>\sqrt{gr}$ 时,重力和杯底对水产生的向下弹力共同提供向心力,使水能够做圆周运动。因此当水杯在竖直平面内做圆周运动,只要水杯的速度满足 $v\geqslant\sqrt{gr}$ 时,即使水杯开口向下,水也不会流出来。

(该案例由上海南汇中学苟士波老师提供)

16. 弹簧振子模型建构过程中经历了哪些批判性思考?

主张:在弹簧振子简谐运动中,振子的位移随时间的变化规律遵循正弦或余弦函数。

事实：在该实验器材中，上方的小球可绕圆心做匀速圆周运动，下方的弹簧振子可沿水平方向做简谐运动，圆心在竖直方向上的投影与弹簧振子的平衡位置重合。振子上安装了激光灯，能沿竖直方向朝上下射出一束激光，当小球运动到最左侧时，同时释放振子，可观察到振子发射的激光束始终能够照射在小球上。

理由：振子发出的光束始终照射在小球上，表明小球在运动过程中，其水平方向上的投影与振子做简谐运动所处的位置始终重合。如果以圆心为原点，沿水平方向建立横轴，竖直方向建立纵轴，则表明小球水平方向投影的运动状况与振子的运动完全相同。

推理：在如图 9－4 所示的单位圆中，$\triangle OMP$ 中的 M 点的横坐标可以由三角函数得 $x_M = \cos\alpha$，也就是在单位圆上 P 点的横坐标随着 α 角的变化关系为余弦函数。

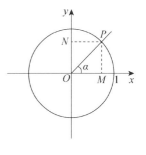

图 9－4

反驳：上述推理的结论是 P 点投影的横坐标随圆心角的变化情况，并不能说明物体振动的位移随时间变化的规律。

解释：因为 P 点是匀速绕圆周运动，则 α 角的大小与时间成正比，若 P 点的横坐标随 α 角的变化关系为余弦函数，那么其与时间的关系也表现为余弦函数，即简谐振动中振子的位移随时间变化的关系是余弦函数（以振子在正向最大位移处为计时起点）。

（该案例由上海南汇中学苟士波老师提供）

17. 风吹过麦地，形成的"麦浪滚滚"是机械波吗？

观点：当风吹过麦地时，麦子随风起伏，类似于波浪一般，所形成的景象是机械波。

理由：麦子受到风力的作用，呈现出高低起伏的动态画面，并且从麦田头传到麦田尾，无论从麦浪的外形还是传播的过程，都可以认定麦浪所形成的就是机械波。

判断:实际上,这种观点是错误的。

解释:这种观点仅看到了表象,而错误地理解了机械波形成的内因。机械波的形成是由于介质质点间存在相互作用力。当某处质点振动起来后必带动周围的质点振动,周围的质点再带动它周围的质点振动,依次带动下去,从而形成机械波。也就是说,振源振动后,旁边的质点做受迫振动,因此它们具有相同的周期和频率。但在麦浪形成的过程中,多数麦子之间没有相互作用力;麦子的振动是因为风力的作用,而不是由旁边麦子带动的。因此,麦子的振动不是由振源引起的受迫振动,所形成的麦浪不是机械波。

延伸:那么运动场或演唱会中,人们接连起立坐下所形成的"人浪"也不是机械波。人的站立和坐下,是由人的意识所控制的,而不是由旁边的人带动起来的,因此也不是受迫振动,故所形成的人浪不能称为机械波。

结论:如果仅从物体所呈现的高高低低的外形,或看似能向前传播的状态来做出评估,往往是错误的。批判性思维的论证需要靠证据来支撑,而证据应该从事物的本质中去挖掘。机械波是因为质点间的相互作用而产生的,与外力作用所形成的状态有本质的不同。

(该案例由上海南汇中学苟士波老师提供)

18. 为什么功的要素不是力和时间?

质疑:为什么功的两个要素是力和力方向上的位移,而不是力和时间?

理由:力作用于物体上,使物体在力方向上发生一段位移时,必定要经历一段时间,说功是力在空间的积累效应,实际上力在时间上也有积累。

解释:力和力方向上的位移之所以是功的两个要素,是因为只有具备这两个要素,力对物体的作用才能使物体的能量发生变化,才能称力对物体做了功。如果仅仅是作用一段时间而力方向上没有发生位移,物体的能量是没有发生变化的。比如光滑水平面上,小球在拉力作用下做匀速圆周运动,拉力作用在小球上一段时间,小球的动能、势能均无变化。因此拉力对小球并未做功,说明时间并非功的要素之一。而一旦拉力使小球半径减小(在拉力方向发生位移),则小球动能将增大。所以在力方向上发生位移才是功的要素之一。

结论:功的两个要素是力和力方向上的位移。只有具备这两个要素,力对物体的作用才能使物体的能量发生变化,才能称力对物体做功了。

(该案例由上海南汇中学王一妍老师提供)

19. 为什么汽车上坡时选择换挡而不是踩油门?

质疑:汽车在上坡时,因为需要较大的力,为了不超过额定功率,就必须减小速度。为什么要通过减速来获得更大的动力而不是踩油门?

理由:生活经验告诉我们,想开上斜坡,加大踩油门的力度就可以。

解释:上述观点是未弄清"功率恒定"这一限定条件。根据 $P=Fv$,在汽车发动机运行功率恒定的情况下,上坡时需要将变速箱换到低速挡,减小速度得以增大牵引力,才利于上坡。而生活经验中的"踩油门"其实是增加了燃油量,增加了单位时间内牵引力做的功,即增加了牵引力的功率,与前提"不超过额定功率"这一条件不符。

结论:平日生活中通过踩油门加速,是指通过增大功率的方式,增加牵引力,从而增大加速度,增大速度。而在功率恒定的限定下,则需要通过换挡来改变速度,从而改变牵引力大小。

(该案例由上海南汇中学王一妍老师提供)

20. 为什么重力势能是物体与地球共有的?

观点:重力势能是物体具有的,并非物体与地球共有。

理由:物体因被举高而具有的能 $E_P=mgh$,因此重力势能只与物体的质量和相对零势能面的高度有关,与地球无关。

判断:上述观点是错误的。重力势能是物体与地球共有的。

解释:物体之所以能在被举高后"储存"势能,是因为物体在高处被释放后受重力作用,加速运动,动能增加,从而具有对外做功的本领。如果地球作用力消失,物体质量再大、所在高度再高,物体也没有对外做功的本领,就不具有重力势能了。

结论:重力势能是由于地球与物体之间存在相互作用力,由它们相对位置决定的能量。因此,重力势能是物体与地球共有的。事实上,所有的系统内的势能(如弹性势能、电势能、分子势能)都是相互作用的整个系统共有的。

（该案例由上海南汇中学王一妍老师提供）

21. 动能定理是普遍适用的吗?

观点:动能定理只适用于恒力作用下的匀变速直线运动。

理由:教材上通过恒力做功使小车加速、阻力做功使小车减速的例子,推导出合力做功等于物体动能变化量。

判断:上述观点有局限性。动能定理适用于宏观、低速情境下的任何运动。

解释:当物体受变力作用,或做曲线运动时,我们可以把整个过程分成许多小段 Δs,认为物体在每小段运动中受到的是恒力,运动轨迹是直线。这样每小段力做功 $\Delta W = F \Delta s$,每一小段 $\Delta W = \Delta E_{kn}$,再把每一小段做功相加得到 $\sum W$,则全过程中 $\sum W = \Delta E_k$,即全过程中合力做功等于动能的变化量。

（该案例由上海南汇中学王一妍老师提供）

22. 为什么光学显微镜观察不到分子?

观点:很多人认为光学显微镜可以观察到分子。

理由:通常光学显微镜的分辨率随着光学系统的复杂程度而提升,如果不断优化光学系统,当光学显微镜的分辨率达到一定程度,就自然可以观察到分子了。

判断:实际上,这一观点和理由是错误的。

证据:光学显微镜利用普通光线照射在样品表面反射后,折射光进入物镜和目镜形成放大样品的像,从而观察物体表面的形态。光学显微镜的分辨率与其使用的光的波长有关。可见光波长范围是 380 nm—760 nm 之间(数量级 10^{-7} m),而分子大小的数量级为 10^{-10} m。因为分子大小比可见光的波长还要小,可见光遇到分子发生衍射,因此无法分辨出分子。

结论:光学显微镜观察不到分子。

质疑：目前科学研究中经常观察分子、原子排列，那通常是通过什么方式观察到的呢？

解释：观察分子尺度的样品时，科学研究中通常使用的是电子显微镜和扫描隧道显微镜。电子显微镜利用电子成像，通过电子能量束打击物体表面，产生衍射来观察样品的微观形貌。其波长受加速电压控制，波长可以在很宽的范围内变化。电子枪发射的电子束经聚光镜会聚照射到样品上，带有样品结构信息的透射电子进入成像系统，被各级成像透镜聚焦、放大后，投射在观察荧光屏上，形成透射电子显微镜像。电子显微镜的分辨率可以达到纳米级（10^{-9} m），可以观察细胞内部的超微结构以及微生物和生物大分子的全貌。

扫描隧道显微镜的工作原理是基于量子力学中的隧道效应，将原子线度的极细探针和被研究物质的表面作为两个电极，当样品与针尖的距离非常接近（通常小于 1 nm）时，在外加电场的作用下，形成隧道电流。根据隧道电流的变化可以得到样品表面微小的变化信息，如果同时多个方向进行扫描，就可以直接得到样品表面三维形貌图。利用扫描隧道显微镜可以制造人造分子，研究 DNA 分子的结构，加工原子尺度的新型量子器件等。

（该案例由上海市金山中学姜炜星老师提供）

23. $N_A = 6.02 \times 10^{23}$ mol^{-1} 是阿伏伽德罗常量的确定数值吗？

观点：阿伏伽德罗常量通常用 N_A 表示，是一个联系微观尺度和宏观尺度的基本物理常数。1 mol 任何物质均含 N_A 个基本单元（如分子、原子或离子）。计算时阿伏伽德罗常量经常取 $N_A = 6.02 \times 10^{23}$ mol^{-1}，这个数据应该是阿伏伽德罗常量的确定数值。

判断：$N_A = 6.02 \times 10^{23}$ mol^{-1} 这个数据不是阿伏伽德罗常量的确定数值，而是阿伏伽德罗常量的近似值。

解释：我们将每摩尔物质含有的基本单元（如分子、原子或离子）称为阿伏伽德罗常量，并不是说含有 6.02×10^{23} 个微粒，不能简单地以 6.02×10^{23} 来代替阿伏伽德罗常量。阿伏伽德罗常量的定义是 12 g ^{12}C 所含的碳原子数量，将 ^{12}C 选为参考物质是因为它的原子量可以测量得相当精确。但是由于测量技术限制和测量方法的不同,这一数据不尽相同,目前科学家还在不断精确化阿伏伽德罗常量。2018 年 11 月 16 日,国际计量大会通过决议,将 1 摩尔定义为"精确包含 $6.022\,140\,76\times10^{23}$ 个原子或分子等基本单元的系统的物质的量"。这个数值就是阿伏伽德罗常量 N_A,单位为 $\mathrm{mol^{-1}}$。阿伏伽德罗常量是固定的,不再有不确定性。

（该案例由上海市金山中学姜炜星老师提供）

24. 不稀释油酸能够形成单分子油膜吗?

观点:"单分子油膜法估测分子大小"实验中,需要在水盆的水面上形成一层单分子油膜,实验能否成功的关键,一方面取决于稀释情况,另一方面与选择的油酸特性密切相关。

质疑:不稀释油酸,能不能形成单分子油膜?

解释:为了防止油酸分子层叠堆积在一起,最容易想到的方法是通过稀释让油酸分散排列。一滴很小的纯油酸滴在水面上散开的面积相当大。例如,0.1 ml 的纯油酸如果能在水面上形成单分子油膜,面积可以达到 100 m²—1 000 m²,而在实验中提供的器材通常是一个边长为 30 cm—40 cm 的水盆,油酸散开的面积是不能超过盘面的面积的。因此,要将油酸稀释成浓度足够小的溶液,通常配成 1∶300 的油酸溶液。在实验时也要控制溶液的使用量,通常只在水盆里滴一滴油酸溶液。由于实验器材(水盆)面积较小,因此不能使用纯油酸,而是使用稀释后的油酸溶液。

质疑:为什么通常选择酒精作为溶剂?

解释:选择用酒精对油酸进行稀释是因为酒精可以溶于水。当把一滴用酒精稀释过的油酸滴在水面上时,其中的酒精溶于水中,并很快挥发,油酸就在水面上散开,形成一层油酸薄膜。油酸的化学式为 $C_{17}H_{33}COOH$,它的分子可以看成由两个部分组成,一部分是 $C_{17}H_{33}$,另一部分是 $COOH$。$COOH$ 这部分对水有很强的亲和力,油酸分子的 $C_{17}H_{33}$ 部分冒出水面,而 $COOH$ 部分仍留在水中,分子直立在水面上,非常有利于形成单分子油膜。

（该案例由上海市金山中学姜炜星老师提供）

25. 在完全失重情况下,气体内部还有压强吗?

观点:在完全失重情况下,气体内部有压强。

证据:航天员在太空中处于失重状态,航天服除了可以隔热保温、防止宇宙射线之外,还有稳定航天服内气压的功能。如果失重状态下气体没有压强,那么是不可能维持航天服内部气压的。

如果认为完全失重状态下,气体压强为零,那么可以假想在空气中处于失重状态(如空间站中)的气球应该会变小。合理推测,如果处在完全失重的情况下,气球应该会被外部空气气压压到干瘪,显然事实不是这样的。

解释:根据分子动理论,气体压强是由于气体分子做无规则热运动与器壁频繁碰撞产生的,在失重状态下,气体分子仍在做无规则的热运动,所以气体分子对器壁的碰撞没有停止,因而气体内部有压强。

(该案例由上海市金山中学姜炜星老师提供)

26. 绝对零度真的不能达到吗?

观点:温度不能达到绝对零度,但是可以非常接近绝对零度。

解释:1848 年,英国科学家开尔文建立了热力学温标。热力学温度 T 与人们惯用的摄氏温度 t 的关系是 $T(K)=273.15+t(℃)$。热力学温度的单位开尔文(K)与摄氏温度的单位摄氏度(℃)的平均值完全相同,在表示温度差时,用 K 和用℃的值相同,即 $\Delta T(K)=\Delta t(℃)$。热力学温标的零度相当于摄氏零下 273.15℃,称为绝对零度。

绝对零度是理论推导出的极限温度,在这个温度下,分子热运动停止。如果想让温度低于绝对零度,则分子的状态会比静止更慢,这显然是矛盾的,所以低于绝对零度的温度是不存在的。在绝对零度下,分子热运动完全停止了,并且从理论上讲,物体的体积趋近于零。

结论:温度不可能达到绝对零度,而只能接近它。

(该案例由上海市金山中学姜炜星老师提供)

27. 可以看作质点的带电体都可以看作点电荷吗？

观点:有的学生认为"可以看作质点的带电体都可以看作点电荷"。

理由:点电荷的形状和大小可以忽略,质点的形状和大小也可以忽略。点电荷是把带电体看成一个点,质点也是把物体看成一个点,两者都是用一个点来代替物体。

判断:实际上,这一观点是错误的。

解释:质点和点电荷都是忽略了物体的形状和大小对所研究问题的影响,但是两者的侧重点不同。质点是一个力学概念,是忽略物体的形状和大小,突出质量因素,把物体看作一个有质量的点;而点电荷关注的是物体的带电量,研究的是电荷间的相互作用。能看作质点的带电物体不一定可以看作点电荷。比如将两根带同种电荷的导体棒用绝缘绳连接并使其在同一竖直线上,将其从静止状态开始释放,导体棒上每个点的运动情况相同。当研究金属棒下落时位移随时间变化的关系时,可以用一个点来反映导体棒的运动规律,但研究两根导体棒之间的电场力时,就不能把它们看成点电荷。

结论:点电荷和质点是两个完全不同的概念,但是两者也有共同之处。点电荷和质点都是理想化的模型。一个带电体(或物体)是否可以看作点电荷(或质点),要取决于形状和大小(或电荷分布)对所研究的问题能不能忽略。

(该案例由上海南汇中学裴火炼老师提供)

28. 电场线能够相交吗？

观点 1:两根电场线是可以相交的。

理由:如图 9-5 所示,在空间中某点放入一个电荷 Q_1,电荷 Q_1 在其周围的 P 点就会产生电场,M 为 Q_1 产生的经过 P 点的电场线。若在 P 点旁边再放上一个电荷 Q_2,电荷 Q_2 在其周围的 P 点也会产生电场,N 为 Q_2 产生的经过 P 点的电场线,那么 M、N 这两根电场线在 P 点就会相交。

判断:上述观点是错误的。

解释:当空间中 P 点周围有多个电荷的时候,这些电荷都会在 P 点产生电场。而最终 P 处的电场是这几个电场叠加后的结果,即 P 点的电场强度是指各个电荷

在 P 点产生的电场强度的矢量和(见图 9-6)。因此,空间中的某个点的电场强度方向只有一个,也对应一条电场线在该点的切线方向。若两根电场线可以相交,则交点就会有两条切线,那么该点电场强度就会有两个方向,与事实不符。

结论:不管空间中有多少个电荷,任意两条电场线都永不相交。

观点 2:电场线就是电荷在电场中的运动轨迹。

理由:如图 9-7 所示,实线为某个电场中的一条电场线,将正点电荷 q(重力不计)从电场线中的某点静止释放,电荷 q 将会沿着电场线运动,运动轨迹与电场线重合。

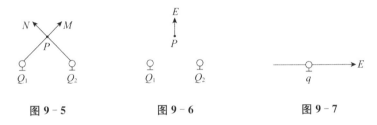

图 9-5　　　　　图 9-6　　　　　图 9-7

判断:上述观点是错误的。

解释:电场线切线方向反映电场力作用线,而轨迹的切线方向反映速度的方向,这两者的决定因素不同,因此不一定共线,电场线不一定是电荷在电场中的运动轨迹。在上述情景中,电荷在电场中的运动轨迹的确会与电场线重合,但是此情景是一种特例,包含了很多特定条件。比如,初速度为零、只受电场力作用、电场线是一条直线等。如果没有这些特定条件,那么其结论就不复存在。比如,该电荷初速度不为零且和电场线不在同一条直线上,该电荷除了电场力以外还受重力作用,或者电场线不是一条直线等,电荷 q 的运动轨迹就都不会与电场线重合。

结论:电荷在电场中的运动轨迹只有在满足某些特定条件的时候才会与电场线重合,否则就不会重合。因此只能说电场线可能与电荷在电场中的运动轨迹重合。

(该案例由上海南汇中学裴火炼老师提供)

29. 电流概念的建立要经历哪些批判性思考?

质疑:自由电荷的定向移动形成电流,导体中的自由电荷是如何发生定向移动的?

解释:以金属导体为例,导体中自由移动的电荷是电子。当导体内没有电场时,从微观角度上看,电子并不是静止不动的,而是在不停地做无规则的热运动。电子的热运动是杂乱无章的,它们朝任何一方运动的概率都一样。如图 9-8 (a)所示,设想在金属内部任意作一横截面,在任意一段时间内平均从两边穿过截面的电子数相等。因此,从宏观角度上看,自由电子的热运动没有集体定向运动的效果,并不形成电流。如图 9-8(b)所示,如果在导体两端加上电压,在导体里就形成一个电场,由于电场力的作用,自由电荷在热运动的同时,发生定向移动,从而形成电流。

观点 1:自由电荷的定向移动速度非常快。

理由:一幢大楼里,只要总电闸合上,不管通联每盏电灯的电路是多么迂回曲折,整幢大楼里的电灯总会瞬间点亮。

判断:上述观点是错误的,自由电荷的定向移动速度非常缓慢。

解释:自由电荷的定向移动速度与电流的传播速度是两回事。以金属导体为例,当电路接通时,电场就会以 $3×10^8$ m/s 的速度很快传播出去,电路各处的导体里很快就建立起电场,推动该处的自由电子定向移动,电流的形成是非常快的。因此,一幢大楼里,只要总电闸合上,整幢大楼里的灯瞬间就亮起来。而金属导体里面的自由电子的定向移动速度是十分缓慢的,因为自由电子在导体里受电场力作用定向移动时,要与金属正离子频繁碰撞,每秒钟的碰撞次数高达 10^{15} 数量级,这种碰撞阻碍了自由电子的定向移动速度,其定向移动的速度一般是 10^{-5} m/s 数量级。

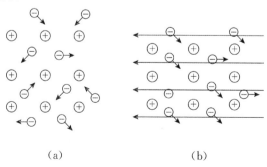

(a)　　　　　　　　(b)

图 9-8

观点 2：自由电荷的定向移动形成电流，电流强度是一个矢量。

判断：以上观点是错误的。

解释：电流强度的定义式为 $I = \dfrac{q}{t}$，式中的电量 q 是没有方向性的，由此电流强度是标量，不是矢量。

结论：自由电荷的定向移动形成电流，定向移动的速度其实是很小的。电流强度是标量，不是矢量。

（该案例由上海市浦东复旦附中分校何振嘉老师提供）

30. 电动势与电压这两个物理概念一样吗？

质疑：电源是将其他形式的能转化为电能的装置，这种转化是通过非静电力做功来实现的，为何不用非静电力做功多少来描述电源的特征？

解释：非静电力做功，度量了有多少其他形式的能转化为电能。即便是同一个电源对某一用电器供电，通电的时间不同，非静电力做功的多少就不同，所以非静电力做功的多少不能表征电源本身的性质。而 1C 电荷通过该电源时，有多少其他形式的能转化为电能，这一数值由电源本身的性质决定。物理学将非静电力做功与电荷量的比值定义为电源的电动势。这一数值体现出电源将其他形式的能转化为电能的本领，与用电器及通电时间均无关。

观点：电源的电动势能和一段电路两端的电压可以有相同的大小和单位，两者的物理含义也应该相同。

判断：物理量的数值及单位相同，但物理意义不一定相同。

解释：比如，力学中功与能的概念，其单位都为焦耳，但物理意义是不一样的。功是能量转化的量度，功是过程量，能是状态量，它们之间有本质的区别。一段电路两端的电压表示当有 1C 电荷通过该段电路时，有多少焦耳的电能转化为其他形式的能。而电源的电动势则表示当有 1C 电荷通过该电源时，有多少焦耳其他形式的能转化为电能。电压和电动势这两个概念包含的能量转化方向是相反的，可以看出这两个物理量是有本质区别的。

结论：电动势和电压是有本质区别的，它们表示的能量转化方向不一样。

（该案例由上海市浦东复旦附中分校何振嘉老师提供）

31. 电路中的自由电荷是怎样实现定向移动的？能量是怎样转化的？

观点 1：在内外电路中，自由运动的电荷均受到非静电力的作用。

判断：在外电路中，自由电荷在静电力作用下做定向移动，不受非静电力作用。在内电路中，自由电荷才受非静电力作用。

解释：以伏打电池为例，电池对外供电时，在外电路导体里建立了电场，导体里的自由电荷受到静电力作用而定向移动。在电源两极附近的"接触层"（见图 9 - 9 中 a、b 两区域）里，电荷受非静电力作用而定向移动。在两个接触层之间，电荷又是在静电力的作用下定向移动。这样就实现了自由电荷在整个闭合回路中定向移动。

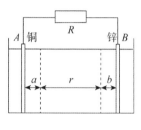

图 9 - 9

观点 2：外电路中，通过静电力做功将电能转化为其他形式的能。内电路中，通过非静电力做功将其他形式的能转化为电能。

判断：在内电路中，不仅有非静电力做功，还有静电力做功，将部分电能转化为内能。

解释：一般的电源都有内电阻。以伏打电池为例，其内电阻是在两"接触层"之间（见图 9 - 9 中 r 区域），自由电荷是在静电力作用下，通过电源内电阻实现了部分电能转化为内能。

结论：在外电路中，自由电荷是在静电力作用下定向移动；在内电路中，既有在非静电力作用下的定向移动，又有在静电力作用下的定向移动。在内电路中，非静电力做功实现其他形式的能转化为电能，电流通过电源内电阻时，静电力做功将电能转化为内能；在外电路中，静电力做功将电能转化为其他形式的能。

（该案例由上海市浦东复旦附中分校何振嘉老师提供）

32. 有没有类似"检验电荷"的工具描述磁场的性质？

事实：电场和磁场有很多相似的地方，可以从对电场的描述中迁移一些方法来描述磁场。在电场中，用电场线来形象描述电场；在磁场中，用磁感线形象描述磁场。在电场中,检验电荷在电场中受到的力与检验电荷电量的比值反映了电场的强弱。在磁场中,什么样的物体会受到磁场力?铁磁性物质和电流都会在磁场中受力。我们可以尝试从它们受到的磁场力角度去描述磁场。

质疑:为什么不用铁磁性物质,比如用小磁针来定量探究磁场的强弱?

解释:因为小磁针本身的属性无法定量描述,因此不能用来定量研究。

质疑:为什么用垂直于磁场方向上放置的一小段通电导线受到的磁场力与电流强度和导线长度乘积的比值来定义磁场的强弱?

解释:实验表明,电流在磁场中会受到磁场力。在匀强磁场中,若保持电流强度不变,改变导线长度,磁场力会发生变化,磁场力的大小与导线长度成正比;若保持导线长度不变,改变电流强度,磁场力会发生变化,磁场力的大小与电流强度成正比。磁场力的大小与电流强度和导线长度乘积的比值是一个定值,这个定值只与导线所处的磁场本身有关,也就是说这个比值反映了磁场本身的性质。

质疑:为什么这段"检验电流"一定要规定垂直于磁场方向上放置,而在电场中"检验电荷"没有放置要求?

解释:虽然电场和磁场可以进行类比,但电场力与磁场力还是存在着一些不同的。高中阶段,研究的带电体是理想模型——点电荷,电场力方向在两个点电荷的连线上,实验发现一定电量的电荷在电场中确定的位置所受电场力是一个定值。而磁场力方向与电流方向满足左手定则。前者是一维关系,后者是三维关系,自然要讨论平行、垂直和成任意夹角这三种空间位置关系。实验研究发现,通有一定电流的一段导体在磁场中所受磁场力还跟电流与磁场方向间的夹角有关。电流方向与磁场的空间位置关系不同,通电导线受到的磁场力也是不同的。但实际上,磁场并没有发生变化。因此,为了方便,统一取电流与磁场垂直时,通电导线所受的磁场力来研究。其实,理论上而言,定义电流方向与磁场方向成30°角时所受到的力也没问题。但是,实际情况中,我们找任意角也很麻烦,不如找电流方向与磁场方向垂直,此时通电导线所受磁场力最大,用这种情景下的磁场力来定义磁场强弱最为方便。

（该案例由上海南汇中学丁丽娟老师提供）

中学物理教学中的批判性思维培育

33. 有了磁感应强度,为什么还需要引入磁通量?

事实:磁通量是磁场中一个重要的概念。物理学中定义物理量是为了描述物理现象、解决物理问题。磁通量这个定义是在研究电磁感应现象过程中逐渐提出的。在"探究感应电流产生条件"的实验中,发现一些能产生感应电流的操作(见表9-1)。

表9-1 电磁感应实验

实验操作	实验示意图	表象
将磁铁(或通有电流的原线圈)插入、拔出副线圈时,有感应电流产生		磁铁运动,产生感应电流
磁铁(或通有电流的原线圈)保持静止,而副线圈运动时,也有感应电流产生		磁铁与线圈相对运动,产生感应电流
保持原线圈和副线圈相对位置不变,原线圈的开关闭合、断开的瞬间,或者滑动变阻器滑片滑动时,副线圈中有感应电流产生		磁场发生变化,产生感应电流
闭合线圈的部分导体在磁场中切割磁感线时,有感应电流产生		闭合线圈面积变化,产生感应电流
线圈沿着喇叭形磁铁磁感线模型运动,没有感应电流产生		磁场和闭合线圈面积均变化,但没有感应电流产生

解释:这些现象的共同特点是当穿过闭合线圈的磁感线的数量发生变化时,

220

闭合线圈中有感应电流产生;反之,如果穿过闭合线圈的磁感线的数量没有发生变化,那么线圈中就不会有感应电流产生。可见,穿过闭合回路的磁感线的多少在物理学中是一个很有意义的量,因此把它定义为"磁通量"。对于一个闭合回路而言,根据磁通量是否发生变化,可以判断是否会产生感应电流。另外,磁通量变化的快慢决定了产生的感应电动势的大小。因此,磁通量是研究电磁感应现象的一个重要的物理量,它与磁感应强度有联系,但又是一个与磁感应强度完全不同的描述磁场的物理量。

（该案例由上海南汇中学丁丽娟老师提供）

34. 法拉第的"十年研究"是真的吗?

事实:从感应电流这个想法在法拉第的头脑中开始萌芽,到他真正通过实验发现感应电流,的确经历了十年之久。

证据:根据《法拉第日记》的记载,1821 年 9 月,法拉第发现了电磁旋转现象,认识到通电导线周围存在一种不同于"中心力"的特殊的"圆周力",类似于奥斯特的"电冲突"和塞贝克的"磁雾"。法拉第当时不清楚这种"圆周力"的形成和传播机理,但他设想通电导线内的电流使导线处于一种特定的状态,并可以在周围的媒介和附近物体中感应出这种特定状态,从而产生感应电流。这是电磁感应的设想在他脑海中的萌芽。1831 年 8 月 29 日至 1832 年 4 月 17 日,法拉第发现了电磁感应现象并进行了一系列的相关研究,这些他都在《法拉第日记》里作了详细记录。其间,他不但发现了电磁感应现象,获得了持续的感应电流,而且对地磁电感应现象也进行了研究。此外,法拉第还利用电磁感应理论完美地解释了阿拉果铜盘实验现象。从一个设想到真正的发现,前后历时十年,这就是我们通常说的"法拉第花了十年时间研究了电磁感应现象",但这十年中,法拉第进行了大量的关于电和磁的研究工作,并不只是完成了我们课上研究的这几个实验。

另外,在法拉第最终发现电磁感应现象及其规律之前,他经历了大量失败的实验。后来他自己回过头来求证其在 1822 年至 1828 年间所进行的实验为何失败,原因在于没有认识到感应电流的瞬时性。"稍纵即逝"也是电磁感应现象难以被发现的重要原因之一。

（该案例由上海南汇中学丁丽娟老师提供）

35. 有了楞次定律还需要右手定则吗？

观点1：楞次定律与右手定则,两者使用的情景既有联系又有区别。

解释：在导体切割磁感线而产生感应电流的情况下,运用楞次定律判断感应电流方向与用右手定则判断的结果是一样的。而右手定则使用的程序比较简单,因此在导体切割磁感线而产生感应电流的情况下,用右手定则判断感应电流方向会比较方便。当然,用楞次定律也是可以的。

如果在其他一些情况下,导体并没有切割磁感线,回路中却有感应电流产生,比如如图9-10所示的实验中,我们通过移动滑动变阻器的滑片位置也可以产生感应电流。这样的情况下,右手定则便不能使用,我们只能通过楞次定律来判断感应电流方向。

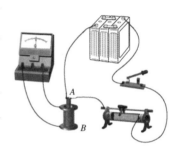

图 9 - 10

观点2：楞次定律其实是能量转化与守恒定律在电磁感应现象中的体现。

解释：感应电流在闭合回路中流动时将释放焦耳热。根据能量守恒定律,能量不可能无中生有,这部分热只可能从其他形式的能量转化而来。

按照楞次定律,把磁棒插入线圈或从线圈中拔出,外力都必须克服斥力或引力做机械功,在做功过程中把机械能转化成电能。通过感应电流做功又把电能转化为焦耳热。设想感应电流的效果不是"反抗引起感应电流的原因",而是"促进相对运动",那么只要用外力把磁铁稍稍移动一下,感应电流就使磁铁动得更快些,于是感应电流增大了,这个增大又进一步加速相对运动……如此不断反复加强,由最初微小移动做的功就能得到无穷大的动能和电能,这显然是和能量的转化与守恒定律相违背的。所以,感应电流的方向必定遵从楞次定律所表述的规律,这充分说明楞次定律实际上就是能量的转化与守恒定律在电磁感应现象中的具体表现。

（该案例由上海南汇中学丁丽娟老师提供）

36. 卢瑟福是如何提出原子核式结构模型的?

事实:卢瑟福在 1898 年研究放射性现象时发现 α、β 射线,并经过多年工作,证明 α 粒子就是氦原子核,α 射线就是氦核流。

1908 年,卢瑟福的助手盖革在用闪烁法观测 α 粒子散射时,发现金箔的散射作用比铝箔强。卢瑟福建议盖革系统地考察不同物质的散射作用,并让学生马斯登协助其工作。他们用的 α 射线管长达 4 m,本来是希望使 α 射线束尽量窄,以便测出准确数据。然而出乎意料的是,他们发现在闪烁屏上总出现不正常的闪光,有可能是经管壁反射所致。为此,卢瑟福建议他们试试让 α 粒子从金属表面上直接反射,这就导致了马斯登观察到 α 射线大角度散射的惊人结果。1909 年,他们报道说:"α 粒子的漫反射取得了判决性证据。一部分落到金属板上的 α 粒子方向改变到这样的地步,以至于重现在入射的一边。"α 粒子经反射后落到闪烁屏上,平均角度为 90°,在屏上不同位置统计反射粒子数,得到"入射的 α 粒子中,每 8 000 个粒子有一个要反射回来"的统计结果。

当卢瑟福知道这个结果时,他觉得实在难以置信,因为这无法用汤姆孙的实心带电球原子模型解释[见图 9-11(a)]。

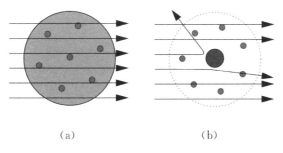

（a）　　　　　　　　（b）

图 9-11

卢瑟福对这个问题苦思了好几个星期,终于在 1910 年底,经过数学推算证明:只有假设"正电球"的直径小于原子球的直径,α 粒子穿越单个原子时,才有可能产生大角度散射,而这一"正电球"就是原子核[见图 9-11(b)]。

解释:α 射线散射实验表明,α 粒子有一部分经单次碰撞必定会遭到大于直角的偏折。例如他们发现,入射的 α 粒子中的一小部分,大约为两万分之一,在穿过约 0.000 04 cm 厚的金箔时发生了平均角度为 90°的偏折。盖革随后证明 α 射线束穿过这样厚的金箔,其偏折角的最可能值约为 0.87°。根据概率论做一简单计算,可知 α 粒子偏折到 90°的机会是极小的。另外可以看到,如果把大角度偏折看成是多次小偏折造成的,则 α 粒子的大角度偏折应按期待的概率规律有一定分布,但实际情况并不服从这个概率规律。似乎有理由假设,大角度偏折是由于与单个原子碰撞造成的,因为第二次碰撞能产生大角度偏折的机会在大多数情况下是极其微小的。简单的计算表明,原子一定是处于强大的电场中,以至于一次碰撞就产生这样大的偏折。由此,卢瑟福提出了原子核式结构模型。

（该案例由上海南汇中学赵一斌老师提供）

37. 原子核式结构模型存在哪些问题?

事实:如果原子有一个带正电的核,电子被安排在其周围并以某种方式环绕这个核,我们就会自然地把原子与太阳系做比较。在太阳系中,行星是被引力吸引在围绕太阳的轨道上运行的,引力与行星同太阳之间的距离平方成反比关系。在原子中,电子是被原子核的静电力吸引的,按照库仑定律,它也与距离的平方成反比。原子核式结构模型与太阳系有很多相似之处。支配它们的力都是与距离平方成反比的;体系总质量的 99.9% 都集中在中心(原子核或太阳),只不过太阳系内的作用力是万有引力,而原子内则是库仑力,所以卢瑟福的原子核式结构模型又被称为行星模型。

质疑:任何伟大的创造,经常在解决老问题的同时又孕育着新的问题,卢瑟福的原子核式结构模型也不例外。行星模型虽然很吸引人,但是这个模型是否存在一些问题呢?

观点 1:行星模型无法解释原子的稳定性。

解释:绕核旋转的电子具有加速度,按照麦克斯韦电磁理论,任何带电粒子在做加速运动的过程中都要以发射电磁波的方式放出能量,这样,电子就不能永远绕着原子核转下去。因为电子不断向外发射电磁波而损失能量,以致绕转的轨道半径越来越小,形成电子向着

图 9 - 12

核做螺旋线的运动,最后在非常短的时间内(10^{-9} s 的数量级)落到原子核上,从而使正负电荷中和,原子全部崩溃(原子坍缩)(见图 9-12)。然而,在现实世界中,谁也没见到有这类事情发生,非但原子没有崩溃,连丝毫变化都未曾有过,几百年前的黄金到今天还是黄金,这就证明原子是相当稳定的。但行星模型却无法解释这一事实。

观点 2:行星模型无法解释原子的同一性。

解释:按照经典力学的规律,今天的太阳系是由当初形成时宇宙的初始条件决定的,不同的初始条件不可能形成相同的结果,因此无法想象还存在着第二个完全一样的太阳系。然而,原子的现实情况就不同了,我们能轻而易举地找到相同的原子,如来自美国的、英国的铁,同中国的铁在原子结构上并没有丝毫差异,这种原子的同一性按经典的行星模型是无法解释的。

观点 3:行星模型无法解释原子的再生性。

解释:在太阳系中,一旦有彗星撞击到行星,则这颗行星原来的状态将被打乱,且永远不可能再恢复到原来的状态。那么在原子中的情况又是怎样的呢?一个原子同外来粒子相互作用,一旦外来粒子远离,这个原子马上又恢复到原来的状态,就像未曾发生过任何事情一样。原子的这种再生性,又是行星模型所无法说明的。

结论:正是上面所述的三大困难,使得行星模型不为当时物理学界所认可。当时,年轻的玻尔正在英国曼彻斯特大学的卢瑟福的实验室工作,他深入了解行星模型的成功之处和症结所在,为他日后提出新的原子理论打下了很好的基础。

(该案例由上海南汇中学赵一斌老师提供)

38. 引力的"平方反比"定律是如何推导出来的?

事实:牛顿获得了很多伟大的科学发现,其中包括著名的万有引力理论。引力作用让我们以及周围的事物稳定地处在地球表面;它拽住空气,避免我们赖以呼吸的气体逃向外层空间;它使月亮围绕着地球转,也把地球约束在围绕着太阳的轨道上。从小行星、行星,到恒星和星系,亿万个宇宙中的天体在永不停歇地运动,引力指挥着这台宇宙大戏的旋律。三百多年来,牛顿的影响使我们理所当然地认为,引力是天地间万物运动的根源。那么什么是万有引力定律? 它指出,宇宙中每一个物体都以一定的力吸引着其他物体,而对任何两个物体来说,这一力正比于每一个物体的质量,而反比于它们之间距离的平方。这个陈述在数学上可以表示为 $F = G\dfrac{m_1 m_2}{r^2}$,这就是物理课本上看到的万有引力公式。其实,在牛顿的著作中从来没有出现过这个公式。这个公式是后人总结的引力的"平方反比"定律。在当时已经有很多人猜测到,比如胡克、哈雷、韦恩等,但他们缺乏论证。1684 年 8 月,哈雷问牛顿,在太阳的距离平方反比引力作用下,行星的轨道是什么样子的,牛顿回答,应该是沿着椭圆形的曲线运动,并表示自己已经做了长时间的研究和计算。借助几何学,牛顿证明如果一个物体围绕着椭圆形的轨道进行运动,引出的朝向焦点的力与距离的平方成反比。

论证:已知开普勒第三定律,所有行星公转周期 T 的平方与其椭圆轨道半长轴 a 的立方成正比(即 $T^2 \propto a^3$)。

行星绕太阳运动可近似看作匀速圆周运动,对于一个以速度 v,在半径为 r 的圆周上运动的物体而言,其向心加速度为 $\dfrac{v^2}{r}$,向心力为 $F = m\dfrac{v^2}{r}$,速度 $v = \dfrac{2\pi r}{T}$,所以 $F = m\left(\dfrac{2\pi r}{T}\right)^2 r^{-1}$,由此得到 $F \propto \dfrac{r}{T^2}$。

由于将行星运动近似为圆周运动,所以 $a = r$,根据开普勒第三定律,有 $T^2 \propto r^3$,于是得到 $F \propto \dfrac{1}{r^2}$。这个向心力是由引力提供的,于是就得到了引力的"平方反比"定律。

(该案例由上海南汇中学赵一斌老师提供)

39. 牛顿是如何得出引力是万有的?

事实:牛顿时代,人们已经知道,正如月球绕着地球转一样,木星也有绕自己转动的卫星。于是牛顿确信,引力不只限于太阳拉住行星,每个行星都在用一个力拉住自己的卫星,也是这种力把我们吸在地面上,让苹果掉下来。

牛顿提出,这种力是一个普遍存在的力,每个物体都吸引任何其他物体。问题在于,地球拉住人的力与它拉住月球的力性质是否相同。也就是说,是否都与距离平方成反比。

　　观点:牛顿说他"对使月球保持在其轨道运行的力与地球表面的重力进行了比较,发现两者的结果很接近",这表明他曾计算月球的向心加速度,并发现它小于地球表面落体的加速度,而两者的差值与人们根据"加速度与到地心距离的平方成反比"的假设得出的值恰好吻合。

　　解释:当时,人们已经知道地月平均距离约为地球半径的 60 倍,月球绕地球转的轨道周期为 27.3 天,这两个数值都比较精确。牛顿大致估算了地球的半径,并用这些数值进行了计算,得出月球的速度及其向心加速度。这一加速度与地球表面落体加速度之比大约等于 $1/60^2$;而假设使月球保持在其轨道上运行的力与吸引地球表面物体的力相同,根据平方反比定律,由此得出的值正是 $1/60^2$ 左右。这就是牛顿所说的他发现两种力的"结果很接近"的含义。

　　论证:地球平均半径为 6 371 km,地月平均距离为 $R = 60 \times 6\ 371$ km。

　　月球在其轨道上的速度是

$$v = \frac{2\pi R}{T} = \frac{2\pi \times 60 \times 6\ 371 \times 1\ 000}{27.3 \times 24 \times 3\ 600} \approx 1\ 017.75\ \text{m/s}$$

　　月球的向心加速度为

$$a = \frac{v^2}{R} = \frac{1\ 017.75^2}{60 \times 6\ 371 \times 1\ 000} \approx 2.71 \times 10^{-3}\ \text{m/s}^2$$

　　另外,根据平方反比定律,月球的加速度应该等于地球表面下落物体的加速度(为 9.8 m/s^2)除以月球轨道半径和地球半径之比的平方,即 $\frac{9.8}{60^2} \approx 2.72 \times 10^{-3}$ m/s^2。

　　"观测到的"月球向心加速度 2.71×10^{-3} m/s^2 与根据引力平方反比定律得出的 2.72×10^{-3} m/s^2 这两个答案基本一致,这就是牛顿所说的"结果很接近"的意思。

　　结论:牛顿认为,使月球保持在其轨道上绕地运行的力,以及使行星保持在其轨道上绕日运行的力,与使苹果落到地面上的重力一样,都由相同的定量法则控制。牛顿统一了主宰天与地的物理学,指出引力是在天地间活动着的一只看不见的手,引力是万有的。

(该案例由上海南汇中学赵一斌老师提供)

40. 月球在掉下来吗?

质疑:既然地球吸引苹果和吸引月球的力都是万有引力,为什么苹果会掉到地上,而月球不会掉下来?

观点:很多人理所当然地认为月球不会落下来,其实这种看法是不准确的。

解释:如果没有力作用在月球上,它会沿一条直线飞出去,可是它沿着一圆周运动,所以实际上它是在落下来,从直线上某一点"落"到了圆周上。

月球"下落"这种观念,会使很多人感到疑惑,认为月球丝毫没有靠近地球。但是月球下落这个观念很有意思,值得进一步解释。所谓月球下落,其含义是它离开了不存在力作用时应遵循的那条直线。举例来说,地球表面附近一个物体被释放后,在第一秒内将下落 5 m。一个水平射出的物体(如子弹)在第一秒内也将落下 5 m,即使它沿水平方向运动,在同样时间它仍然要落下 5 m。

质疑:如果子弹射出的速度越来越快,那么会发生什么?

解释:地球表面是弯曲的,如果子弹发射得足够快,那么在落下 5 m 后,它可能正巧在地面之上与之前高度相同的地方。怎么会这样? 子弹仍然在下落,但是由于地表向下弯曲,所以子弹是在"绕着"地球下落。其实发射人造卫星绕着地球转就是这个道理,火箭将人造卫星的速度提升到一定程度(第一宇宙速度),这个人造卫星落下来的曲线正好和地球表面曲线是平行的,那它就是绕着地球飞了。

牛顿最先认识到,在地表附近发射的抛体的运动与月亮的轨道运动之间有相似之处。为了形象地说明这一点,牛顿画了一张著名的图。想法很简单,但是影响深远。像牛顿那样,想象从一座极高的山上向水平方向发射一个抛体。发射速度越大,抛体落地的位置离山基越远。发射速度非常大时,地球的曲率成了一个重要因素。事实上,如果发射速度足够大,那么抛体将永远到达不了地表。它不断下降,但是地表也下降。抛体将进入一条圆形轨道环绕地球。牛顿的天才洞见是,月亮在引力作用下实际上在下落,就像一个抛体一样。

结论:月球是在掉下来,是在落向地球,但它不会掉到地面上。

（该案例由上海南汇中学赵一斌老师提供）

后　记

　　为贯彻落实党的十九大关于"优先发展教育事业"的要求,培养一支高素质的教师队伍,打造上海市普教系统教育领军人才,上海市教育委员会组织开展第四期上海市普教系统名校长名师培养工程(以下简称"双名工程")。"攻关计划"是"双名工程"的项目之一,旨在培养师德高尚、品格优良,具有较强的育德能力,具备扎实学科理论知识和先进管理理念的教育工作者,在教育教学实践中聚集解决具体问题,形成成熟先进的教育教学经验和理念,积极突破、勇于创新,在上海市教育教学改革中发挥示范、引领作用,并有志有潜力发展成为全国教育教学改革引领者。

　　批判性思维是21世纪技能框架中最重要的一项技能,受到教育界的高度关注。探索如何在学校教育中提升学生批判性思维水平,发挥学科优势共同培育学生批判性思维是一个重要的课题。我国基础教育阶段关于批判性思维培育的研究刚刚起步,尤其在中学科学教育领域的研究相对较少。科学的发展离不开质疑和批判。批判性思维强调证据意识,强调以开放的心态,公正理性地进行推理和评估。在科学教育领域开展批判性思维教学有其独特的学科优势。

　　为此,"攻关计划"关伟物理基地拟定了""'德尔菲'批判性思维模型在中学物理教学中的实践研究"作为攻关课题,组织市区两级基地近20位教师共同参与课题理论研究和实践探索。课题组成员阅读了大量的批判性思维相关文献,开展了数十次课题研究交流,进行了数十次课堂教学实践和展示,在专家指导下不断反思总结,不断修正课题研究方向,逐渐明晰了在中学物理教学中落实批判性思维培育的要素、路径、方式等,明确了具体的教学行为。

　　物理学科核心素养包括物理观念、科学思维、科学探究、科学态度与责任。

观念、态度归根结底都是思维层面的事,而科学探究离不开思维,没有脱离思维的探究能力,所以科学思维是核心素养中的核心。科学思维中的模型的建构、推理、论证、质疑和批判性思维密切相关。本书聚焦物理学科核心素养,构建起系统化的批判性思维培育模式,有助于教师落实核心素养的培育。

本书作为市级课题的主要研究成果,离不开每一位课题参与者的辛勤工作和不懈探索,是团队智慧的结晶。其中第七章第三节、附录一和附录二中的每一个案例都已经标明了作者,其他理论部分的撰写分工如下:第一章由关伟、丁丽娟撰写;第二章及第六章第一节中的"'阐释''解释'技能"由王一妍撰写,"'分析''推理'技能"由关伟撰写,"'评估'技能"由赵一斌撰写,"'自我调整'技能"由苟士波撰写;第二章及第六章第二节中的"'寻求真理'倾向"由赵一斌撰写,"'心智成熟'倾向"由苟士波撰写,"'心智开放'倾向"由王一妍撰写,"'分析性'倾向"由孟婷撰写,"'系统性'倾向"由许韵画撰写,"'自信'倾向"由丁丽娟撰写,"'好奇'倾向"由裴火炼撰写;第三章由赵一斌撰写;第四章第一节由何振嘉撰写,第二节由关伟撰写,第三节由姜炜星撰写,第四节由孟婷撰写,第五节由赵一斌撰写;第五章第一节由关伟撰写,第二节由赵一斌撰写,第三节由裴火炼撰写,第四节由何振嘉撰写,第五节由丁丽娟撰写;第七章第一节、第二节由丁丽娟撰写。全书由关伟、丁丽娟统稿。

课题研究推进及书稿撰写过程中,华东师范大学潘苏东教授、上海市浦东教育发展研究院副院长陈珍国老师、华东师范大学李晶晶副教授、上海师范大学郭长江副教授、复旦附中特级教师王铁桦副校长多次提出宝贵意见,给予了我们莫大的支持和帮助。感谢"双名工程"管理办公室和上海市教师教育学院对本书出版给予的大力资助,还要感谢上海教育出版社编审老师在编辑出版方面的具体指导。在"攻关计划"成员和区教师培训基地学员的共同努力下,这本书得以和广大读者见面,在此一并致以诚挚的谢意!

上海市第四期"双名工程"关伟物理基地
浦东新区关伟物理教师培训基地
2023 年 5 月